El sueño del humanismo
(De Petrarca a Erasmo)

Alianza Universidad

Francisco Rico

El sueño del humanismo
(De Petrarca a Erasmo)

Alianza
Universidad

Primera edición en "Alianza Universidad": 1993 (mayo)
Primera reimpresión en "Alianza Universidad": 1993 (septiembre)

© Francisco Rico
© Alianza Editorial, S. A., Madrid, 1993
Calle Juan Ignacio Luca de Tena, 15; 28027 Madrid; teléf. 741 66 00
ISBN: 84-206-2754-2
Depósito legal: M. 26.226-1993
Impreso en Lavel. Los Llanos, nave 6.
Humanes (Madrid)
Printed in Spain

TABLA

TABLA

Sin pretensiones de convencerte de nada, sin ánimo siquiera de persuadirte de que sí es tema propio de caballeros, quería cuando menos argüir, Juan, que los mejores de entre ellos eran también compañeros tuyos. No porque llegue tarde renuncio a decírtelo.

PRÓLOGO

Pocos movimientos intelectuales han dejado huellas más hondas que el humanismo en las avenidas de la cultura europea; quizá ninguno de envergadura comparable es hoy tan pobremente conocido. Lorenzo Valla no tiene menor estatura y probablemente ejerció una influencia mayor que, pongamos, Voltaire. Sin embargo, no se nos ocurra preguntarle por qué a un *historien des mentalités*...* No quiero decir que la noción de 'humanismo' no tenga curso corriente en muchos dominios. Por el contrario, *humanismo* y *humanista* son rótulos que uno encuentra a menudo en monografías y obras de conjunto sobre la literatura, la filosofía, el arte, la ciencia, la política o el derecho de la Edad Moderna. Pero me temo que con demasiada

* Jacques Chomarat copia y comenta la cita de uno de gran renombre: «'Laurent Valla [...] mène pendant trente ans dans les Universitès italiennes (avec Filelfo, Guarino, Gasparin de Bergame, Vittorino de Feltre) le débat autour du veritable Aristote, sa physique et sa morale'. Autant d'affirmations, autant d'erreurs». No es mejor la situación entre nosotros: en un suplemento literario coordinado por un distinguido catedrático de filología, el editor de dos de las obras menores del Nebrisense asegura que Elio Antonio comenzó su campaña contra la barbarie al volver «de Bolonia, donde había estudiado con Lorenzo Valla». Hay ahora más errores que afirmaciones.

11

frecuencia el recurso a tales etiquetas está lejos de responder a una imagen adecuada de la realidad histórica.

Podemos echarle la culpa a las palabras. *Humanismo,* cierto, es voz tan joven, que ni siquiera ha cumplido los dos siglos: nació para designar un proyecto educativo del Diecinueve temprano y solo después se aplicó retrospectivamente, tanteando, al marco de un Renacimiento entonces todavía poco explorado. De ese parto tardío y de esa utilización *a ritroso* le han quedado resabios difícilmente corregibles, una irrestañable querencia a teñirse de connotaciones contemporáneas e introducir en la descripción histórica resonancias de «l'esprit humain» o «la science de l'homme» de la *Encyclopédie,* de los «derechos del hombre», los «valores humanos» o el «humanitarismo» de días aún más cercanos**.

Pero también podemos echarle la culpa a las cosas. El humanismo brotó de un ideal de renovación tan ambicioso y, en efecto, dio frutos tan varios, en tantos terrenos, que es comprensible que a veces se confunda el tronco con una rama o con un esqueje. Podemos contemplar la historia del humanismo como historia de la alta filología, para unas docenas de especialistas, o, bien de otro modo, como historia de la 'enseñanza general básica', poco menos que para las masas; como sólida escuela de pensamiento o como comportamiento superficial y hasta frívolo mimetismo, como fundamentalmente italiano o como fecundo sobre todo a este lado de los Alpes... Según la ocasión en que lo sorprendamos, podemos pintarlo estoico o

_____

** No careció el humanismo, con todo, de una idea del hombre, característica, ya que no exclusiva. Como es cuestión que se ha prestado y sigue prestándose a multitud de equívocos, he destinado el «Excurso» a ilustrarla en el Renacimiento español: el estudio que ahí se reimprime, corregido y puesto al día, fue primero discurso de clausura del *XIXe Colloque International d'Études Humanites* (Tours, julio de 1976) y se publicó luego en el *Homenaje a Julio Caro Baroja,* Madrid, 1978, págs. 895-914, y, en versión francesa de C. y M. Cavillac, en *L'humanisme dans les lettres espagnoles,* ed. A. Redondo, París, 1979, págs. 31-50.

aristotélico, popular o aristocrático, creador o erudito... Podemos incluso resolver por nuestra cuenta las contradicciones que desde el principio arrastró y preferirlo, por ejemplo, cuando descubre en los clásicos el sentido de la historia o bien cuando traiciona el sentido de la historia para vindicar a los clásicos. De todo ello y mucho más hay en los caminos del humanismo, desde los mismísimos comienzos; y, en definitiva, la etiqueta es de nuestros días y somos libres de ponérsela a quien nos parezca oportuno.

Con todo y con eso, caben pocas dudas de que cuando menos es lícito llamar *humanismo* a una tradición histórica perfectamente deslindable, a una línea de continuidad de hombres de letras que se transfieren ciertos saberes de unos a otros y se sienten herederos de un mismo legado y, por polémicamente que a menudo sea, también vinculados entre sí. Es la línea que de Petrarca lleva a Coluccio Salutati, a Crisoloras, a Leonardo Bruni, a Alberti, a Valla y a centenares de hombres oscuros. En un llamativo número de casos, la sucesión directa de maestros y discípulos puede seguirse durante cerca de dos siglos desde la edad de Petrarca, «il primo il quale ebbe tanta grazia d'ingegno, che riconobbe e rivocò in luce l'antica leggiadria dello stilo perduto e spento». Que esa línea arranca de Petrarca, «reflorescentis eloquentiae princeps», y que solo «post Petrarcham emerserunt litterae», es convicción que comparten desde luego Bruni y Flavio Biondo igual que Erasmo, Luis Vives e Escalígero. De suerte que ni siquiera sería exagerado afirmar que el humanismo fue en muchos puntos el proceso de transmisión, desarrollo y revisión de las grandes lecciones de Petrarca.

Pues bien, creo que el humanismo solo se configura a nuestros ojos en su verdadera entidad si adaptamos una larga perspectiva diacrónica y nos preocupamos menos de abstraerle unas constantes esenciales que de seguir el progreso, los meandros y las ramificaciones de esa línea de continuidad, procurando situar cada episodio, cada fenó-

13

meno singular, a la altura que le corresponde en el tiempo y verlo también en el horizonte del grandioso destino que los pioneros soñaron para los renacidos *studia humanitatis*. Se comprenderá, así, por qué el presente ensayo de interpretación del humanismo adopta una disposición en buena medida narrativa y, antes que en ninguna generalización o racionalización, cifra cualquier esperanza de hacer justicia a la realidad del movimiento en la selección y el comentario de una serie de estampas históricas.

Una estrategia no sé si afortunada me ha sugerido reservar para el final del ensayo, al par de capitulillos centrados en Erasmo, el tratamiento de algunos presupuestos del humanismo —por ejemplo, en el campo de la retórica— que examinados al principio del libro pienso que hubieran entorpecido la presentación de otros aspectos ahí más necesarios para conseguir el adecuado diseño de conjunto. Inserto donde va, creo que realza justamente el carácter recapitulativo que una semblanza de Erasmo —cuya trayectoria repite gran parte del itinerario previamente recorrido en Italia— por fuerza ha de tener en el marco de un intento de explicación del humanismo***.

Cumplo de mil amores la obligación de decir algunas palabras de gratitud. Francesco Bruni me pidió «venti o venticinque cartelle» sobre el humanismo para un volumen de la serie *L'Italia e la formazione della cultura europea* y tuvo la gentileza de querer imprimir las sesenta o setenta que fui enviándole, a golpe de fax, cuando la aparición de

---

*** Como no era cosa de aducir todas las referencias bibliográficas a que podían dar pie los distintos asuntos rozados, limito las notas a la identificación de los principales textos que cito (cuando era posible y aconsejable, a través de algún estudio de especial importancia) y de unos pocos títulos tomados particularmente en cuenta en los párrafos correspondientes. Nótese, por otra parte, que la ortografía de los humanistas no siempre coincide con la del latín clásico y que, cuando existe edición crítica o es bien conocido el uso del autor alegado, aquí se respetan sus peculiaridades: no sorprendan, pues, formas como *litere* por *litterae, nichil* por *nihil,* etc., etc.

la obra parecía inminente. Como el proyecto, por fortuna, acabó por retrasarse un año entero, tuvo también la cortesía de aceptar en segunda instancia un texto más acorde con el encargo primitivo y dejarme en libertad de rehacer a mi conveniencia el que en su momento le había entregado.

Giuseppe Billanovich, mi querido maestro, acogió esa nueva versión, la que ahora se publica, con una aprobación que yo le agradezco como si fuera de verdad, y no otra prueba de su generoso cariño. En San Gimignano, por invitación y con la grata hospitalidad de Roberto Cardini y Mariangela Regoliosi, leí las secciones IV y VI como parte de un seminario del Centro di Studi sul Classicismo y me beneficié de los estimulantes comentarios de Domenico De Robertis, Donatella Coppini y Armando Balduino. Silvia Rizzo, a su vez, sometió mi original a un útil y bondadoso expurgo. A Rino Avesani, Maria Grazia Blasio, Vincenzo Fera, Mirella Ferrari, Tino Foffano, Nicholas Mann, Alfredo Stussi y Gema Vallín debo observaciones y ayudas bibliográficas sin las cuales estas páginas serían todavía más pobres.

Mientras las escribía, en cualquier caso, había pensado yo que podían prestar algún servicio a quienes en los estudios que les son propios con frecuencia tropiezan con los nombres y los libros de un Petrarca, un Valla o un Poliziano, y no siempre aciertan a enhebrar el hilo que los une, la secuencia que los articula; había fantaseado que mi óptica de gran angular podía incluso ofrecer ciertas sugerencias de interés para los especialistas que, legítimamente, escudriñan el humanismo desde puntos de vista más monográficos; pero confieso que muchas veces me ilusionaba sobre todo con otro destinatario ideal, que sin duda iba a despellejarme con objeciones tan pertinentes como inesperadas, pero que, fuera como fuese, podía apreciar el libro y convertirlo en la espléndida *conversation piece* de una madrugada más. A esa sombra inolvidable va dedicado ahora *El sueño del humanismo*.

EL SUEÑO DEL HUMANISMO

El nombre del portugués Pedro Nunes no debiera sonar a nuevo a nadie que haya recibido una mínima instrucción científica o simplemente haya tenido que recurrir a un *nonio,* el dispositivo de medida, todavía común, que él imaginó y fue perfeccionado por Tyco Brahe. Los especialistas lo conocen bien, además, como el gran cosmógrafo, atento por igual a la geometría pura y a las concretas necesidades de la navegación, que resolvió problemas tan difíciles como el crepúsculo mínimo o la naturaleza de la curva loxodrómica. En cambio, solo un puñado de estudiosos sabe que alrededor de 1533, mientras trabajaba en un importante *Libro de álgebra,* Nunes todavía encontraba tiempo para componer poemas en griego y en latín. Por ejemplo, este epigrama *In grammaticam:*

Γραμματικὴν τεχνῶν σὺ τιθηνήτειραν ἅπασῶν
  ἄσκει, οὐδέποτε φειδόμενος καμάτων,
αἴκε τύχοις αὐτῆς τῶν τεχνῶν ἐν λαβυρίνθοις,
  ληθήσῃ ποθινόν εἰς φάος ἐρχόμενος[1].

[1] J. R. C. Martyn, «Pedro Nunes-Classical Poet», *Euphrosine,* n.s., XIX (1991), págs. 231-270 (256).

17

['Tú que arrostras sin miedo las fatigas,
aplícate dispuesto a la gramática,
madre que nutre todos los saberes,
y si logras la dicha de alcanzarla,
por entre las marañas de las ciencias,
tendrás al fin la luz a que aspirabas.']

Al llamar a la gramática 'madre de todos los saberes',
Nunes no está recogiendo la noción escolar de que el camino del conocimiento empieza y discurre materialmente
gracias a las letras, al alfabeto. El epigrama cifra más bien
la alta idea de la *grammatica* de que se había empapado en
su juventud de estudiante en la Salamanca de Antonio de
Nebrija y los discípulos de Nebrija: la idea de que el fundamento de toda la cultura debe buscarse en las artes del lenguaje, profundamente asimiladas merced a la frecuentación, el comentario y la imitación de los grandes autores
de Grecia y de Roma; la idea de que la lengua y la literatura clásicas, dechados de claridad y belleza, han de ser la
puerta de entrada a cualquier doctrina o quehacer dignos
de estima, y que la corrección y la elegancia del estilo, según el buen uso de los viejos maestros de la latinidad,
constituyen un requisito ineludible de toda actividad intelectual; la idea de que los *studia humanitatis* así concebidos,
haciendo renacer la Antigüedad, lograrán alumbrar una
nueva civilización.

Nunes no se limita a hablar de oídas. Por no salir de
nuestro epigrama, la misma familiaridad con el griego que
lo lleva a tratar a la gramática de *tithenéteira,* con una voz
que ha espigado nada menos que en los poetas de la *Antología Palatina,* es la que le permite enfrentarse con las muchas páginas de Aristóteles, Ptolomeo o Euclides que
hubo de traducir para dilucidar las arduas cuestiones cien-
tíficas magistralmente asediadas en el *De crepusculis* (1542)
o en el *De arte atque ratione navigandi* (1546). Pero toda su carrera ilustra la convicción de que la formación literaria

propia del humanismo no puede cerrarse a ningún objetivo, ni en la teoría ni en la práctica. Comprendemos sin esfuerzo que a la hora de latinizar su apellido, entre las varias posibilidades que se le ofrecían, eligiera la forma que lo acercaba precisamente a un gramático romano, el ilustre Nonio Marcelo. Como instrumento de precisión que sigue siendo, el *nonio* nos sirve también para medir en un ejemplo minúsculo la grandeza del sueño del humanismo.

I

La más vibrante exhortación a hacer realidad ese sueño, a concretar la visión de un mundo nuevo reconstruido sobre la palabra antigua, se halla en los prólogos a las *Elegantiae* (hacia 1440) de Lorenzo Valla[2]. La lengua de Roma —explica Valla— hizo las contribuciones más importantes al bien de la humanidad, «publicae... hominum utilitati ac saluti»: el latín educó a los pueblos en las artes liberales, les ofreció las mejores leyes, les abrió la senda «ad omnem sapientiam», 'a todo tipo de sabiduría', y, en fin, los liberó de la barbarie. El latín no se impuso a los bárbaros por la fuerza de las armas, sino a fuerza de bienes, por el poder del amor, de la amistad y de la paz («beneficiis, amore, concordia»). Porque en latín se hallan todas las ciencias y artes propias del hombre libre; y, así, cuando el latín florece, todos los saberes florecen, y, por el contrario, cuando el latín declina, declinan asimismo todos los saberes.

¿Cuál es la razón de esa conexión imprescindible entre la lengua y las restantes disciplinas? Ocurre, sencillamente, que los filósofos más penetrantes, los supremos oradores y jurisconsultos, los máximos expertos en todos los do-

[2] Editados y traducidos por Eugenio Garin en *Prosatori latini del Quattrocento*, Milán-Nápoles, 1952, págs. 594-631.

minios han sido siempre los más preocupados por expresarse correcta y elegantemente, «ii... bene loquendi studiosissimi». Por eso, hoy, cuando hace ya muchos siglos que nadie ha hablado ni entendido el latín, están degradadas la filosofía, la jurisprudencia y, en breve, todas las materias que los antiguos, en cambio, habían puesto en las cimas más elevadas.

Dadas semejantes premisas, es obvio el remedio para tan dramático panorama: cultivando el latín, será fácil restituir a su antigua perfección *todas* las otras disciplinas. *Todas,* sí, porque sin las humanidades, «sine studiis humanitatis», es imposible conocer adecuadamente ninguna. La «eloquentia» es tan necesaria a quienes estudian derecho, civil o canónico, medicina o filosofía como a quienes trabajan en teología o en Sagrada Escritura. Los Padres de la Iglesia, los grandes maestros del pensamiento cristiano, por ejemplo, vistieron siempre con el oro de su elocuencia las piedras preciosas del lenguaje divino, y solo quien sea capaz de entender esa elocuencia entenderá también la palabra de Dios. «Et certe soli eloquentes... columnae Ecclesiae sunt», 'únicamente los buenos escritores han llegado a ser columnas de la Iglesia'.

Por fortuna, ya nos hallamos en el alba de una nueva edad: están empezando a resucitar la pintura, la escultura, la arquitectura, artes las tres emparentadas con las liberales y que, como estas, decayeron juntamente con las letras, «cum litteris». Con un poco más de empeño, promete Valla, pronto se conseguirá restituir la lengua de Roma, «et cum ea disciplinas omnes», 'y con el latín todos los saberes'. Las *Elegantiae* llaman justamente a librar ese magno combate para reconquistar de los galos la Roma cautiva. Valla, Camilo redivivo, se propone ser el portaestandarte y tomar la parte más dura, en cabeza. Pero todos los Quirites, los hombres de letras, los amigos de la lengua de Roma («litteratos appello et romanae linguae cultores»), han de entrar en la batalla. «Certemus, quaeso, honestissi-

20

mum hoc pulcherrimumque certamen»: 'combatamos, ea, el más noble y hermoso de los combates'.

El «certamen» a que Valla convoca no es simplemente un torneo literario, por más que literarias sean las armas: el rescate del latín supone toda una visión de la historia y pone en juego toda una civilización, de las leyes a las artes plásticas, de la medicina a la espiritualidad, sin desdeñar ninguna faceta que ataña 'al provecho y al bienestar general de la humanidad'. Como en todo «certamen», por otra parte, la victoria de un bando implica la derrota de otro. El triunfo de Camilo será el descalabro de los galos. Pero propiamente, por detrás de la evocación metafórica de la invasión de la Roma primitiva, ¿quiénes son los galos? La respuesta puede leerse, por ejemplo, en la encendida epístola que Francesco Petrarca dirigió a Urbano V en el año de 1368[3].

Ante el mal humor de los cardenales franceses, obligados a permanecer en Roma, para quienes Italia valía apenas un ochavo, «fere nichil», el anciano Petrarca no vacilaba en reaccionar con un juicio aun más destemplado: en vano se buscará en las Galias quien sepa nada de nada. Pues ¿qué hay en las artes liberales, en las ciencias de la naturaleza, en la historia, en la elocuencia, en la moral, que no se deba a los italianos? «Quid de sapientia ... et de omni parte philosophie?» ¿Quiénes sino los italianos han creado los dos derechos? ¿Dónde han nacido o vivido los doctores de la Iglesia? ¿A qué oradores y poetas se encontrará fuera de Italia? Tenía que ser así, porque solo en el latín, en las «latine litere», está la raíz de todas las artes y el fundamento de todas las ciencias, «radix artium nostrarum et omnis scientie fundamentum». A tanta riqueza nada puede oponer la Galia, salvo las voces chillonas de la *rue de Fouarre*.

[3] *Seniles*, IX, 1, ed. E. Casamassima, *L'autografo Riccardiano della seconda lettera del Petrarca a Urbano V (Senile IX 1)*, Pisa-Roma, 1986 (*Quaderni petrarcheschi*, III).

La alusión desdeñosa entierra toda una época. Las aulas de la Sorbona, en el «Straminum Vicus», eran la fortaleza que más celosamente velaba por la vigencia implacable de la escolástica: vale decir, por la sumisión de todas las disciplinas, desde la gramática a la teología, pasando por la matemática, a un método caracterizado por concentrarse en asuntos minúsculos (*quaestiones*) y sujetarlos a una discusión aparatosa (*disputatio*), conducida con las herramientas de la lógica y encaminada a extraer, en última instancia, conclusiones metafísicas, certezas intemporales, perpetuamente válidas. La escolástica postulaba una rígida estratificación del saber, expresado en un lenguaje estrictamente técnico, en una jerga especializada, que lo reservaba a unos pocos iniciados. «Ca non sería bueno», razonaba un corifeo de las escuelas, «que el sciente e el idiota ['el que sabe y el que no sabe'] hobiesen manera común en la fabla, nin sería honesto [que] los secretos scientíficos, que todo precio exceden, fuesen traídos en menosprecio por palabras vulgares»[4].

En Petrarca como en Valla, los galos son, pues, el núcleo más fecundo y más prestigioso de la cultura medieval, la escolástica, cuyos grandes baluartes institucionales, la Sorbona y Oxford, iban al fin extendiendo sus tentáculos con creciente éxito por la Italia del Trescientos. No solo eso: los galos son un milenio de barbarie, se mire por donde se mire. En la carta a Urbano V, los escolásticos parisinos forman un amasijo indiferenciado con los cardenales franceses que durante el breve período en que la silla de Pedro volvió a Roma (1367-1370) maldecían a Italia por la dificultad de conseguir vino de Borgoña, «como si no estuviera en juego la religión de Cristo, sino unas bacanales». (Por otro lado, acotaba Petrarca, tampoco podía ser gran cosa un vino «ignoto a todos los tratadistas anti-

---

[4] Alfonso de la Torre, *Visión delectable,* ed. J. García López, Salamanca, 1991, pág. 126 (texto *beta*).

guos y modernos, y jamás contado entre los caldos de ilustre solera».) Las críticas al papado de Aviñón, las reflexiones morales y religiosas, las valoraciones literarias y filosóficas, las consideraciones sobre las menudencias del vivir cotidiano más allá de los Alpes, todo entra en un mismo costal y la acusación, desde el arranque de la epístola, es siempre la misma: barbarie. Los galos no son solo la escolástica, sino todas las dimensiones de un *aevum,* una edad de la historia.

En efecto, cuando Petrarca descarta las especulaciones de la *rue de Fouarre* como ajenas a la latina «radix artium», cuando Valla decide que en «multis saeculis» nadie ha escrito ni entendido el latín, están decretando que no puede tomarse en cuenta nada de cuanto han producido las escuelas en esos tiempos, ni esos 'muchos siglos' deben ser considerados, por tanto, sino como un largo y enojoso paréntesis, como una 'edad media' entre el esplendor de la Antigüedad y el retorno de las buenas letras.

> Nam fuit et fortassis erit felicius evum.
> In medium sordes...[5]

> ['Que hubo, y a lo mejor volverá todavía,
> una edad más dichosa.
> Lo de en medio es basura...']

Pero si en medio no hay sino basura, la solución habrá de ser también una limpieza total, un barrido que no olvide ni un rincón, de la lengua y la literatura a las costumbres y la vida diaria. La vanguardia de la operación, en cualquier caso, corresponde a las letras: la 'edad más dichosa' solo se hará realidad cuando las tinieblas se disipen porque la poesía y los *studia humanitatis* han vuelto a florecer como antaño.

[5] *Epystole,* III, XXXIII, en *F. Petrarchae poemata minora,* ed. D. Rossetti, Milán, 1829-1834, vol. II, pág. 262.

... Poterunt discussis forte tenebris
ad purum priscumque iubar remeare nepotes.
Tunc Elicona nova revirentem stirpe videbis,
tunc lauros frondere sacras; tunc alta resurgent
ingenia atque animi dociles, quibus ardor honesti
Pyeridum studii veterem geminabit amorem...
Tum iuvenesce, precor, cum iam lux alma poetis
commodiorque bonis cum primum affulserit etas[6].

['Podrán tal vez, pasadas las tinieblas,
volver nuestros lejanos descendientes
al puro resplandor del siglo antiguo.
Verás entonces cómo reverdece
Helicón con renuevos, cómo tornan
a poblarse, sagrados, los laureles;
resurgirán entonces los ingenios,
los ánimos despiertos, eminentes,
en quienes brotará el ardor de antaño
por la pasión honesta de las Piérides...
Rejuvenece entonces, hazme caso,
Africa mía: tú rejuvenece,
cuando la luz dé vida a los poetas
y a los buenos mejor edad les llegue.']

Un mundo «aureo tutto», un siglo de oro, ha de rezumar
Antigüedad, tiene que estar por fuerza «pien de l'opre antiche»[7].

II

Pero no desoigamos los acentos patrióticos de la llamada contra los galos. «Desde el Trescientos», ha escrito
Carlo Dionisotti, «la revolución humanística se desarrolló

---

[6] *Africa,* IX, 456-461, 475-476, ed. N. Festa, Florencia, 1926, y V. Fera, *La revisione petrarchesca dell'«Africa»,* Messina, 1984, págs. 458-459.

[7] *Rerum vulgarium fragmenta,* CXXXVII, 14; ed. Gianfranco Contini, Milán, 1964[3].

en la Italia dividida y discorde como una divisa nacional y unitaria»[8]. Nada más cierto ni mejor dicho. Pero añadamos que únicamente en Italia podía surgir, incluso antes del Trescientos, el ideal constitutivo del humanismo, el sueño grandioso de *todo* el conjunto de una civilización reconstruida sobre las «latine litere». Es sabido que en la Edad Media Italia mantuvo con notable firmeza no pocas tradiciones antiguas, pero también que Francia la superó con creces en cuanto a vitalidad de los clásicos. Solo en la Península, sin embargo, la lengua y la literatura de Roma podían sentirse tan estrechamente unidas a una entera civilización y proponerse, por ende, como base de otra (o un renacimiento de la misma) también entera. La evidencia de los males del presente despertaba irremediablemente las memorias, más o menos vagas, de la grandeza del pasado, avivadas por la contemplación de las ruinas monumentales, por la pervivencia de grandes obras públicas y de pequeñeces preciosas (monedas, joyas, martiles...). Una mente perceptiva casi necesariamente había de sentirse tentada a enhebrar con un hilo literario todos esos retazos y cifrar en una vuelta al pasado las mejores esperanzas para el futuro.

No hay más que pensar en Cola di Rienzo, tal como nos lo pone ante los ojos la espléndida prosa del cronista anónimo[9]. «De bajo linaje», «notario», 'desde la mocedad alimentado con la leche de la elocuencia' («da sua ioventutine nutricato de latte de eloquenzia»), Cola «moito usava Tito Livio, Seneca e Tulio e Valerio Massimo. Moito li delettava le magnificenzie de Iulio Cesari raccontare. Tutta die se speculava nelli intagli de marmo li quali iaccio intorno a Roma. Non era aitri che esso che sapessi leiere li antiqui pataffi. Tutte scritture antiche vulgarizzava.

[8] «Discorso sull'umanesimo italiano», en su libro *Geografia e storia della letteratura italiana,* Turín, 1967, págs. 178-99 (190).
[9] Anonimo romano, *Cronica,* ed. G. Porta, Milán, 1979.

Queste figure de marmo iustamente interpretava. Deh, come spesso diceva: "Dove sono questi buoni Romani? Dove ène loro summa iustizia? Pòterame trovare in tiempo che questi fussino!"» ('mucho frecuentaba Tito Livio, Séneca y Tulio y Valerio Máximo. Mucho le complacía referir las grandezas de Julio César. Los días se le iban en examinar los relieves de mármol dispersos por Roma. Nadie sino él sabía leer los antiguos epitafios. Romanceaba todos los textos antiguos. Declaraba exactamente las figuras de mármol. Ah, cuántas veces decía: «¿Dónde están aquellos buenos romanos? ¿Dónde aquella suprema justicia suya? ¡Ojalá su tiempo fuera el mío!»')

No es del caso entrar ahora en las razones ni en el alcance del golpe de estado de 1347, pero no hay duda de que Cola lo sentía como un renacimiento de aquel «tiempo». La acción política de atajar la «grannisima travaglia» ('tribulación') que afligía a la «povera iente» de Roma estaba para él en la misma línea que la recuperación de un tesoro arqueológico o la lectura de Livio. Cuando devolvía al pueblo el gobierno de la ciudad, lo hacía exhibiendo la *lex de imperio Vespasiani* en la tabla de bronce que había descubierto y donde entendía que «tanta era la maiestate dello puopolo de Roma, che allo imperatore dava la autoritate». Cuando se proclamaba «tribunus augustus», cuando se ornaba con la «vestis triumphalis», cuando tomaba de las monedas imperiales la imagen de Roma en majestad, no realizaba actos aislados de imitación del mundo antiguo, sino que fundiendo teoría y práctica, ilusiones y realidades, iba concretando a fragmentos, más o menos a conciencia, una visión global del pasado como modelo del presente.

Cola era un iluminado, pero Petrarca, que estaba lejos de serlo, saludó la revolución abundando en ese diseño total: celebrándola menos como una insurrección contra las injusticias de la Roma contemporánea que como una resurrección de la Roma antigua, que veía salir a sus hijos de los sepulcros «et tempora prisca reverti»[10]. En la primera carta que dirige al tribuno, su exhortación a defender la libertad se confunde con la invitación a estudiar asiduamente «las historias y los anales romanos», en la certeza de que ahí encontrará siempre un modelo seguro para cualquier empresa valiosa, «omnis virtutis exempla». (No de otro modo, en una de las más antiguas poesías petrarquescas hoy conservadas, la unidad de las ciudades italianas para hacer frente a los bárbaros del Norte aparece como 'el camino de salvación que puede devolvernos, por tarde que sea, los antiguos usos', «que mores referat ... vetustos»[11].) En términos menos exaltados que Cola, muchos italianos intuyeron que las huellas del pasado señalaban para el porvenir un camino que podía seguirse en muchos sentidos; con menos lucidez que Petrarca, otros fueron meditando el proyecto unitario, el plan de conjunto de una *Roma renovata:* un proyecto cuya misma imprecisión de utopía aseguraba su fertilidad, un plan que por el mismo hecho de ser desmesurado e irrealizable podía mantenerse largamente como fermento de las más varias realizaciones.

Sin una coloración específicamente italiana nunca se hubiera forjado el hermoso sueño del humanismo. Si las ciudades no hubieran pervivido con la fuerza que pervivieron en la Italia medieval, y si la actividad literaria e intelectual que cobijaban no hubiera respondido a esa fuerza impregnándose con singular frecuencia en las vivencias y preocupaciones de la comunidad urbana, tampoco habría podido darse con tanta agilidad la recíproca influencia entre unas y otras facetas de la *renovatio* fantaseada, el fecundo proceso de ida y vuelta entre la historia, la poesía y la

---

[10] *Il «Bucolicum Carmen» di F. Petrarca,* ed. diplomática de D. De Venuto, Pisa, 1990, pág. 96 (V, 45-46).

[11] *F. Petrarcae Epistola de rebus familiaribus et Variae,* ed. G. Fracassetti, III (Florencia, 1863), pág. 434 (XLVIII), y *Epystole,* I, III, 137, ed. E. Bianchi, en F. Petrarca, *Rime, Trionfi e poesie latine,* ed. F. Neri *et al.,* Milán, 1951, pág. 718.

cosa pública, de la práctica a la teoría, de la ideología a la acción. No había ciudad, por ejemplo, que no quisiera presumir de orígenes clásicos o no se buscara un fundador en la Antigüedad. Si la Pisa del temprano siglo XII engastaba ya en la fachada de la catedral una inscripción en honor de Lucio César, el nieto de Augusto, patrón de la Colonia Julia Pisana, también creía que con la victoriosa expedición de 1087 al Norte de Africa había refrescado las gestas de los romanos de antaño y merecido la alabanza que a ellos les ganaron las guerras púnicas en los días de Escipión, «quam olim recepit Romam vincendo Carthaginem»[12]. Doscientos años después, Petrarca acometía el *Africa,* en cuyos cimientos no falta el designio a la vez cultural y patriótico de desplazar de las escuelas la *Alexandreis* de Gautier de Châtillon, 'el más liviano, el más huero de los galos', «levissimus vanissimusque Gallorum»[13], y lo concebía como «un intento de dar una epopeya nacional a los italianos, unificados en la común descendencia de la Roma republicana, sólida en las instituciones democráticas, madre de cultura. El 'Garibaldi' a quien entronizar en las plazas de la patria resurgida debía ser Escipión el Africano, el héroe militar, moralmente íntegro y casto, que vence el duelo histórico con Cartago y al punto devuelve el poder a manos del Senado»[14]. Pero en 1347 consideraba la posibilidad de abandonar pasajeramente el poema para cantar las glorias de Cola di Rienzo.

Entre los atisbos de la edad comunal y la madurez de Petrarca discurre una senda a lo largo de la cual el clasicismo, depurándose de impurezas y perfilando sus objetivos,

---

[12] Citado por C. B. Fisher, «The Pisan clergy and an awakening of historical interest in a medieval commune», *Studies in Medieval and Renaissance History,* III (1966), págs. 143-219 (192).

[13] *Contra eum qui maledixit Italie,* citado por Guido Martellotti, *Scritti petrarcheschi,* ed. M. Feo y S. Rizzo, Padua, 1983, pág. 463, n. 10.

[14] Michele Feo, «Tradizione classica», en *Letteratura italiana,* ed. A. Asor Rosa, vol. V, Turín, 1986, págs. 311-378 (336).

fue elaborando el modelo de toda una nueva época. En ninguna parte el proceso se dio con más energía ni se aprecia con más transparencia que en la vigorosa Padua a caballo del Doscientos y el Trescientos. Allí, ha mostrado Giuseppe Billanovich, «un puñado de notarios dio comienzo al nuevo estilo de literatura, y aun de civilización, que acabó por conquistar Occidente y que nosotros, posteridad remota, llamamos 'humanismo'»[15]. Cuando en 1283 se descubrió una hermosa arca de fecha venerable (en realidad, cristiana), Lovato Lovati no dudó en identificarla como el sepulcro del troyano Antenor, el mítico fundador de la ciudad, y en ennoblecer la elegante glorieta en que fue colocada con un epitafio en que las reminiscencias de Virgilio y Ovidio se conjugaban con ecos de Tito Livio. Poquísimos podían hacerlos sonar con igual dominio: en la catedral de Verona, en el monasterio de Pomposa, sin duda en otros lugares, Lovato había manejado textos entonces tan raros como Lucrecio, Tibulo y Marcial, textos que a veces tardarían siglos en reaparecer, pero que ya esmaltan de préstamos los versos todavía ásperos del juez paduano; y entre esos tesoros había consagrado una atención particularmente amorosa y erudita a los *Ab Urbe condita*. Claro está que cuando en el cementerio de Santa Justina apareció una lápida con el nombre de «T. Livius», el cenáculo de Lovato echó las campanas al vuelo para que la supuesta reliquia recibiera el trato de honor que merecía el más insigne de sus compatriotas. Apenas unos decenios después, en la Aviñón que los papas habían convertido en encrucijada de la cultura europea, Petrarca aprovechaba los trabajos de Lovato para preparar una auténtica 'edición crítica' de Livio; y de las páginas de los *Ab Urbe condita* extraía noticias e inspiraciones vitales para los hexámetros del *Africa* y los sabios pe-

[15] *La tradizione del testo di Livio e le origini dell'umanesimo*, I (Padua, 1981), pág. 2.

ríodos del *De viris illustribus,* unos y otros favorecidos por ilusiones y emociones políticas.

Las posiciones republicanas y la figura del escritor activo en la sociedad, tan elocuentemente ilustradas en la antigua literatura latina, no podían sino resultar particularmente atractivas en los *comuni* doscentistas, que en pugna con la nobleza habían conseguido instaurar una amplia medida de participación en la vida ciudadana y ofrecían generosas oportunidades de poder a los hombres económica o intelectualmente más enérgicos; y el sentimiento de afinidad con la Roma de Catón o Bruto tendía a cristalizar en formas literarias cada vez más clásicas. En 1315, cuando la *Ecerinis* de Albertino Mussato, el amigo y heredero espiritual de Lovato, fue leída en público, los espectadores que la aclamaron y las autoridades que la premiaron con una corona de laurel, yedra y mirto, sin duda aplaudían en primer término las implicaciones políticas de la tragedia, donde la caída de Ezzelino da Romano, el tirano de Padua, prefiguraba la de un enemigo harto más cercano, el veronés Cangrande della Scala. Pero es seguro que también se dejaban seducir por la dignidad que adivinaban en los trímetros yámbicos: aun si la mayoría no llegaba a entenderlos suficientemente, las resonancias majestuosas de aquellos versos tenían que parecer a muchos el tono adecuado a un asunto de tanta relevancia para la ciudad. Cuando toda ella se volcó luego en la coronación de Mussato como poeta e historiador (no otros títulos quiso Petrarca para su propio lauro), las ceremonias se desarrollaron a la antigua, «moribus antiquis», en una suerte de arqueología y literatura aplicadas al compromiso cívico. La contemporaneidad y el patriotismo se iban tiñendo crecientemente de colores clásicos.

Que la *Ecerinis,* por otro lado, se leyó en las escuelas, bastaría a certificarlo el comentario que le fue dedicado por dos oscuros maestros de gramática que acabaron su trabajo el día en que Monselice caía en manos del personaje cuyo desastre vaticinaba la obra: «per seditionem ... Cani Grandi de la Scala»[16]. Podíamos esperar ese destino didáctico. La riqueza de la sociedad comunal impulsó extraordinariamente la demanda de enseñanza, y para el Trescientos la Italia del Norte y del Centro contaba con una multitud de escuelas de los niveles inferiores. La proliferación de tales escuelas suponía sin más la multiplicación de los gramáticos, a quienes correspondían las etapas iniciales de toda educación; y los gramáticos no solo no perdieron, sino que en la Edad Media acrecentaron el cometido que tenían en la Antigüedad de proveer, junto a la formación en la lengua, a la *enarratio auctorum,* es decir, a la lectura y el comentario de textos. Pero, en ambientes como el paduano, mejor enseñanza, más gramáticos y más lecturas solo podían significar que los textos en cuestión fueran día a día más clásicos. En verdad, admira comprobar cuántos códices de alta literatura pasaron por las manos de modestos profesores trecentistas o encontrarse en el Colle di Val d'Elsa de los años sesenta a un maestro sin pretensiones, Nofrio di Siena, que explicaba a Virgilio, Lucano y otros muchos autores de supremo coturno.

Así, en un progresivo enlace de arqueología, literatura y vida civil, fue gestándose una atmósfera clásica cada vez más densa y dentro de ella esbozándose el sistema de un clasicismo cada vez más envolvente, delineándose los paralelos y meridianos antiguos de·todo un *brave new world.* Así, fueron incluso 'institucionalizándose' proclamaciones como la del *comune* de Lucca en 1371 («quod gramaticalis scientia est origo et fundamentum omnium virtutum et scientiarum...»[17]) en las que la vieja muletilla escolar de que las artes liberales comienzan por la gramática iba cobrando un sentido harto más rico y una gigantesca ambición.

[16] *Ecerinide,* ed. L. Padrin, Bolonia, 1900, pág. 247.
[17] Citado por P. F. Grendler, *Schooling in Renaissance Italy. Literacy and Learning, 1300-1600,* Baltimore, 1989, pág. 13, n. 57.

Es el sentido que se le prestaba ya en la Padua de la *Ecerinis,* frente a quienes, en la tradición escolástica, seguían considerando la poesía como «infima inter omnes doctrinas» (*Summa theologica,* I, 1, 9), a quienes Mussato recordaba que la misma Biblia contiene abundantes versos, parábolas y símbolos, y que bajo las vestiduras del mito los antiguos vates enseñaron verdades de alcance divino. Pero la poesía —añadía —no es solo «altera ... theologia», sino posee una inagotable plasticidad:

> Nunc tibi quo metuas fert horrida Musa timores,
> nunc lenis placidis mulcet tua pectora verbis,
> Ethica nunc, nunc Physis erit, nunc vera Mathesis;
> Cociti nigramque Stygem iuratque videtque,
> surgit ad empyreum nunc velocissima caelum.

> ['Ya te da que temer la Musa, hórrida;
> ya, blanda, te complace con dulzuras;
> ya es ciencia exacta, medicina, ética;
> ya jurando se va a la negra Estigia,
> ya se eleva al empíreo velocísima.']

Por eso no hay saber que no la necesite y la utilice, que prescinda de Virgilio, Ennio, Homero:

> Philosophi sua dicta probant auctoribus illis,
> iuristae, artistae scrutaroresque latentis
> naturae, et nostra non ars vacat ulla Camoena;
> adde quod et nostris decantat Ecclesia metris[18].

> ['Con ellos corroboran los filósofos
> sus dichos, y con ellos los juristas,
> los gramáticos, rétores, dialécticos,
> los que inquieren del mundo los secretos:

---

[18] *Epistola XVIII,* 60-64, 136-138, en *Albertini Mussati Historia Augusta Henrici VII Caesaris et alia quae extant opera,* Venecia, 1636, págs. 77 y 79.

> sin nuestra Musa no hay saber ni técnica;
> y aun a la propia Iglesia, no lo olvides,
> oirás cantar también con nuestra métrica.']

En forma rudimentaria, Mussato está anticipando la noción humanística de las letras y la «eloquentia» como fuente y estímulo de todo conocimiento, y con no menos fervor que el propio Petrarca:

> Ora forent quasi muta hominum si spiritus orbi
> deforet Aonius, virtus ignota lateret,
> in se clara licet, studiorumque impetus omnis
> torperet, lingue nam fundamenta latine
> nulla forent, quibus egregie stant sedibus artes,
> in quibus omne procul vobis ostenditur evum
> nostraque venturis longum servabitur etas[19].

> ['Las bocas de los hombres callarían,
> si faltara el espíritu de Aonia;
> sería la virtud desconocida,
> por mucho que brillara ella de suyo;
> todo afán de saber dormitaría,
> de no fundamentarse en el latín,
> que es sede de las artes nobilísimas,
> os muestra otras edades desde lejos
> y extenderá al futuro nuestros días.']

Que no se nos escape el calor que enciende esos versos. Para los humanistas, la centralidad de la literatura no fue solo una teoría del saber, sino, todavía antes, una experiencia estética personal. Pues, en el fondo, en la «radix» de los *studia humanitatis* bulle una fascinación estrictamente hedonista por los logros de la Antigüedad, por el mundo antiguo como obra de arte: un entusiasmo gratuito y libérrimo por una especie de belleza que se justifica a sí misma

---

[19] *Epystole*, II, x, 199-205, ed. D. Rossetti, págs. 214-241.

y en última instancia no requiere más razones que el puro hecho de disfrutarla.

Es la pasión que descubre Petrarca cuando refiere que de niño, a la edad en que los muchachos acostumbran a bostezar sobre los libros de escuela, a él sólo le deleitaban las elegantes cláusulas de Cicerón. Francesco se preguntaba si ocurría así por instinto natural o porque así se lo había inculcado su padre. Nosotros hemos de tener bien presente que el notario Ser Petracco no debía distar demasiado de su colega Mussato, pero nos importa aun más tomar nota de ese «nature instinctus». Pues Francesco confiesa que por aquellos años nada podía entender, pero quedaba tan prendido del texto por la singular dulzura y sonoridad del lenguaje, que cualquier otra lectura se le antojaba bronca y desafinada: «Nichil intelligere poteram, sola me verborum quedam et sonoritas detinebat, ut quicquid aliud vel legerem vel audirem raucum michi longeque dissonum videretur»[20]. Si Petrarca, Cola di Rienzo, Lovato Lovati no hubieran vibrado con esa pasión de artistas, el humanismo nunca habría llegado a existir.

III

A quien, mientras le retumba todavía en los oídos la magnífica exhortación al combate que suena en el umbral de las *Elegantiae,* empiece hoy a leer los primeros capítulos, es fácil que el corazón se le caiga a los pies: «De nominibus quorum ablativi plurales exeunt in *-abus*», «De verbalibus exeuntibus in *-atio*», «De hoc nomine *ludicrum*»... Así, pues —se dirá tal vez—, ¿eso era todo? Las piedras para re-

---

[20] *Seniles,* XVI, i, en *F. Petrarca ... opera ... omnia,* Basilea, 1554, II, pág. 1047, citado por P. de Nolhac, *Pétrarque et l'humanisme,* París, 1907², vol. I, pág. 214.

construir una nueva Roma ¿consistían solo en semejantes tiquismiquis de gramática? Las lacónicas fichas sobre cuestiones de morfología, empleo de las conjunciones o diferencias de matiz entre vocablos afines, que se agrupan sin demasiado orden en las *Elegantiae,* ¿habían de promover 'el provecho y el bienestar general de la humanidad'? Todo el «honestissimum pulcherrimumque certamen» contra los galos ¿era a cuenta de si *suus* se puede siempre sustituir o no por *sui?*

Las *Elegantiae* entraron en seguida en la enseñanza, y las polémicas sobre muchos asuntos allí discutidos, desde la declinación de *ficus* a la construcción de *pluit,* llenaron centenares de páginas durante más de un siglo. A resolver problemas de corte similar, por otro lado, y a menudo de acuerdo con las orientaciones de Valla, estaba destinada buena parte de la formación que recibían los alumnos de Guarino Veronese, en la vivaz Ferrara del segundo tercio del Cuatrocientos. Guarino, el más insigne maestro del humanismo, prestaba un cuidado infinito a explicar por qué debe pronunciarse *mihi* y no *michi,* en qué se distinguen *timor* y *metus* o cómo *canere* significa en ocasiones 'alabar' o 'vaticinar'; glosaba a los clásicos con un diluvio de sucintas noticias sobre los más ligeros pormenores de historia, geografía o mitología aludidos en el texto; y exigía anotar y aprenderse de memoria los giros de los grandes autores y familiarizarse punto por punto con los *loci* retóricos propios de cada tema. Quien saliera de sus aulas no podía sino dominar el latín, por cuanto a la forma se refiere, poco menos que como un contemporáneo de Augusto.

Guarino repitió una y otra vez que solo una educación de ese género era capaz de forjar hombres tan excelentes en la vida privada como en la pública: «Pues ¿qué objetivo más excelente cabe concebir y alcanzar que las artes, las enseñanzas, las disciplinas que nos permiten poner guía, orden y gobierno en nosotros mismos, en nuestra casa, en la sociedad?»[21]. ¿Quiénes sino las musas con quienes intimó en la escuela habían enseñado a Gian Nicola Salerno, *podestà* de Bolonia, a comportarse como el juez, orador y soldado que logró aplacar los disturbios de 1419?[22]

Pero, ciertamente, es lícito preguntarse si en verdad, de hecho, el tipo específico de enseñanza que se daba en la escuela de Guarino era por sí mismo capaz de producir esos hombres nuevos, individuos y ciudadanos ejemplares a todo propósito, que se enorgullecía de educar el maestro veronés. Como es lícito preguntarse hasta qué punto estaban fundadas las pretensiones de Valla cuando aseguraba que las *Elegantiae* podían restaurar toda una civilización mejor, de la pintura al derecho y a la religión. ¿Cuál era, si en realidad lo había, el vínculo entre los grandes logros que reivindicaban los incondicionales de los *studia humanitatis* y la minuciosa información gramatical y literaria que en la práctica ofrecía Guarino o los escurridizos detalles lingüísticos que desvelaban a Valla? ¿Cómo se pasaba «from 'standards in arts' to 'standards of living'»?[23]

La respuesta no es unívoca ni se deja reducir a unas cuantas líneas. Notemos, en todo caso, que la *elegantia* que importa a Valla no se corresponde lisa y llanamente con nuestra noción de 'elegancia'. La *Rhetorica ad Herennium* (IV, XII) la define más bien como la cualidad «que hace que cada tópico aparezca dicho con pureza y transparencia» *(pure et aperte),* de acuerdo con el genio de la lengua

---

[21] «Nam quid praestabilius cogitare et consequi possumus quam eas artis, ea praecepta, eas disciplinas quibus nos ipsos, quibus rem familiarem, quibus civilia negotia regere, disponere, gubernare liceat?» *Apud* R. Sabbadini, *La scuola e gli studi di Guarino Veronese,* en *Guariniana,* Turín, 1964, pág. 182-184 (182).

[22] «Has ob res non mediocres musis gratias debes quibus a pueritia usque imbutus et institutus te tuos et urbana negotia regere, disponere et administrare, restituere ac sustentare didicisti», *Epistolario di Guarino Veronese,* ed. R. Sabbadini, Venecia, 1915-1919, vol. I, pág. 263.

[23] Anthony Grafton (y Lisa Jardine), *From Humanism to the Humanities. Education and the Liberal Arts in Fifteenth and Sixteenth-Century Europe,* Londres, 1986, pág. 27.

(*latinitas*) y con una exigencia de esa diafanidad (*claritas*) que hace el discurso «llano e inteligible» merced al recurso a términos propios y corrientes (*usitatis verbis et propriis*). A zaga de Quintiliano, a quien había puesto en un altar, Valla subraya a su vez que el lenguaje sólo debe tener por norma el empleo real que de él se hace («Consuetudo certissima est loquendi magistra...»; *Institutio oratoria*, I, VI, 3) y, por ahí, que el significado de las palabras consiste en su uso.

Los escolásticos se alejan de la realidad y se encierran en un laberinto de falsos problemas porque se fundan en una jerga propia, esotérica, que no es fiel ni al griego de Aristóteles ni al uso común de la *latinitas*. ¿Cuántas vueltas no habría dado la metafísica medieval a la palabra y a la idea de *ens*? Pero Valla sentencia que en buen latín *ens* es un participio, no un nombre, de modo que no puede usarse con valor independiente (o, si acaso, una frase como «lapis est ens» no significa sino 'lapis est ea res que est' o, en definitiva, 'lapis est res'), y rompe el nudo gordiano: lo importante no es el espejismo del *ens*, sino la evidencia de las cosas, de las *res*. Cuando en el habla cotidiana se dice que 'el tonel está vacío', es ridículo objetar, como hacen los filósofos, que 'en la naturaleza no existe el vacío'. El sentido no está en la *ratio* abstracta, sino en la *oratio* concreta, dicha por tal o cual voz, en tales o cuales circunstancias determinadas. «Melius igitur populus quam philosophus loquitur»[24], 'el pueblo habla mejor que el filósofo'.

No nos sorprende, pues, que Valla cifre tan altas esperanzas en las observaciones gramaticales que componen las *Elegantiae*: puesto que el empeño consiste en reconquistar la realidad, en recobrar la dimensión auténticamente humana de la cultura, la dimensión común a todos, el pri-

---

[24] L. Valla, *Repastinatio dialectice et philosophie*, ed. G. Zippel, Padua, 1982, vol. I, págs. 14 y 149.

mer paso por fuerza tiene que ser rescatar la lengua real sanando «les mots de la tribu». En el designio de Valla, lengua, cultura y sociedad son inseparables. «Toda lengua, justamente porque está en el fundamento de la comunicación civil, es una convención *política,* en el sentido fuerte del término»[25]. La primacía de la *consuetudo* en tanto norma lingüística y la exigencia de claridad responden a un ideal del saber como bien público, presente en la vida, activo en la sociedad, orientado a iluminar la realidad.

Parece sensato erigir el uso en norma del lenguaje, pero ¿qué uso, el uso de quién? Para Valla, el universo intelectual y la jerigonza técnica de la escolástica eran precisamente el punto de partida negado. Una lengua vulgar todavía no podía contemplarse entonces como vehículo apropiado de una cultura integral, falta como inevitablemente estaba de la universalidad y la variedad de registros a que obligaba la misma visión de un saber para todos. La única alternativa se hallaba, naturalmente, en recuperar, limpiar e imponer el uso propio de la gran literatura de Roma, tan henchida de conciencia civil, tan amiga de la expresión concreta (el latín nunca acabó de avenirse con las abstracciones), tan inseparable de la convicción retórica de que la palabra y las artes del lenguaje, en tanto distintivas del hombre, constituyen la sustancia misma de la *humanitas.*

Roma, sin embargo, les llegaba a los humanistas tan maltrecha en la literatura como en los monumentos. Una de las imágenes que Valla aplica a la restauración de los clásicos, deturpados en una milenaria transmisión manuscrita, apunta bien hasta qué extremo la crítica textual se le ofrecía como clave no solo para entender, sino también

---

[25] Salvatore I. Camporeale, «Lorenzo Valla, *Repastinatio, liber primus:* retorica e linguaggio», en *Lorenzo Valla e l'umanesimo italiano,* ed. O. Besomi y M. Regoliosi, Padua, 1986, págs. 216-239 (229). Véase David Marsh, «Grammar, Method, and Polemic in Lorenzo Valla's *Elegantiae», Rinascimento,* XIX (1979), págs. 91-116.

para recuperar en su plenitud la civilización antigua: enmendar los libros en forma satisfactoria equivale a restituir «summos auctores *quasi in patriam*»[26], no ya meramente en el sentido todavía un tanto provinciano en que un Benvenuto Campesani celebraba la «resurrectio» de Catulo en Verona a principios del Trescientos («Ad patriam venio longis a finibus exul...»[27]), sino en el de devolverlos al vasto marco de la cultura que fue suya y que Lorenzo quiere hacer propia. En otra ocasión parangona la delicadeza de la tarea con la del restaurador de una pintura cuyos «colores ac lineamenta» se han borrado con los años y los azares. Él conocía esos azares admirablemente, como quien se había fogueado en corregir los *Ab Urbe condita* en competencia con Petrarca, Guarino, Leonardo Bruni, Poggio, Bartolomeo Facio, y sabía descubrir en un genial golpe de ojo y explicar mejor que nadie por qué errores de copia los códices leían *habuit res, distrahendo* o *vasis erat* donde Livio había escrito *habuit tres, dis trahendo* o *vas iis erat*[28].

Nunca se insistirá bastante en el largo alcance de la experiencia que para los humanistas significó el enfrentamiento material con los manuscritos de los maestros antiguos. El «descubrimiento del hombre» que tanto abultó Jacob Burckhart fue en más de un aspecto una sola cosa con «le scoperte dei codici latini e greci» que dan título a un libro esencial de Remigio Sabbadini. Es justo cantar las gestas de Poggio Bracciolini, capaz de sacar un Lucrecio, un Valerio Flaco o un Manilio hasta de debajo de las pie-

---

[26] L. Valla, *Antidotum in Facium,* ed. Mariangela Regoliosi, Padua, 1981, pág. 323 (IV, III, 8).

[27] Citado por Guido Billanovich, «Il preumanismo padovano», en *Storia della cultura veneta,* Vicenza, 1976, vol. II, pág. 86, y por Gius. Billanovich, «Il Catullo della catedrale di Verona», en *Scire litteras. Forschungen zum mittelalterlichen Geistesleben,* Munich, 1988, pág. 49 (y vid. 54).

[28] *Apud* Silvia Rizzo, *Il lessico filologico degli umanisti,* Roma, 1973, páginas 231-232.

dras, y es necesario subrayar que los hallazgos como los suyos, desde los días de Petrarca (la enjundia de cuya aportación nadie llegó a superar), e incluso desde los de Lovato Lovati, aumentaron increíblemente, en pocos años, el caudal de los conocimientos objetivos a disposición de quien quisiera y supiera aprovecharlos. Pero tanto como en la cantidad hay que poner el acento en la cualidad singular de tales descubrimientos.

Para Poggio, así, dar con un texto íntegro de la *Institutio oratoria* era sacar de apuros a un Quintiliano que, preso en las bárbaras mazmorras del Norte, había quedado tan herido y mutilado, que apenas tenía ya aspecto humano: «Estaba, sí, triste y desaliñado como los reos de muerte, con la barba descuidada y el pelo sucio, hasta el punto de de que en el mero rostro y la apariencia se declaraba avocado a una sentencia no merecida. Parecía tender la mano, pedir el auxilio de los quirites, que lo libraran de un juicio inicuo, buscando ayuda y soportando dolido, él que a tantos salvó con su apoyo y su elocuencia, no encontrar ahora ni defensor que se apiadase de su desgracia ni protector que lo salvara a él o le evitara ser arrastrado a un injusto suplicio»[29]. A Valla, por otro lado, la búsqueda de manuscritos y el fatigoso cotejo de un texto tras otro se le antojaban apropiados solo a quienes no poseyeran el espléndido «ingenium» y la «doctrina» y «eloquentia» inagotables que él tenía, y, por ende, a menudo multiplicaba las

---

[29] «Moestus quidem ipse erat ac sordidatus, tamquam mortis rei solebant, 'squalentem barbam gerens et concretos pulvere crines' [cf. *Eneida*, VI, 277], ut ipso vultu atque habitu fateretur ad immeritam sententiam se vocari. Videbatur manus tendere, implorare Quiritum fidem, ut se ab iniquo iudicio tuerentur, postulare et indigne ferre quod, qui quondam sua ope, sua eloquentia, multorum salutem conservasset, nunc neque patronum quempiam inveniret, quem misereret fortunarum suarum, neque qui suae consuleret saluti aut ad iniustum rapi supplicium prohiberet». En *Prosatori latini del Quattrocento*, pág. 244, y comentado por E. Garin, «Umanisti a colloquio con i codici: il libro come memoria storica degli uomini», *Accademie e biblioteche d'Italia*, L (1982), páginas 397-405 (400).

conjeturas sobre el modo de enderezar tal o cual pasaje. Pero jamás perdía de vista que la lectura auténtica no podía ser sino una, «cum verus [locus] nisi unus esse non possit», ni cedía en el empeño de rescatar esa formulación única[30].

Valla y Poggio fueron enemigos encarnizados, pero, cada uno a su modo, coinciden en sugerirnos por qué vías la frecuentación de los códices llegó a imprimir una nueva sensibilidad y a abrir horizontes también nuevos. La fantasía de Poggio (inspirada en un motivo exquisitamente petrarquesco) nos indica que los autores antiguos no eran para los humanistas las *auctoritates* sin rostro ni tiempo de la escolástica, sino hombres con una biografía y una historia, con pasiones, opiniones y vivencias rigurosamente personales, y como a tales querían leerlos y explicarlos. En la acotación de Valla hemos de advertir que el esfuerzo por restituir la única versión válida de un pasaje no suponía simple testarudez de erudito, sino voluntad de apreciar el texto precisamente en tanto verdad individual, testimonio de un pensamiento y una sensibilidad peculiares, huella del paso ejemplar de *un* hombre por la tierra.

El trato con los códices, la crítica textual, la filología, en efecto, agudizaron en los humanistas la conciencia de la diversidad de los hombres y de la singularidad de cada uno. Exhumar un buen manuscrito o dar la lectura correcta de un verso era dejar que un escritor se expresara por sí mismo, con sus propias palabras, con su personalidad única, y sentirse aguijoneado a hacer otro tanto. Ni siquiera el sacrosanto precepto de la *imitatio,* de la necesidad de seguir los modelos clásicos, impidió a ningún humanista de talla buscar esforzadamente su propia voz. En más de un aspecto, la misma *imitatio* se concibió como una forma de *aemulatio* y el autor imitado se contempló como el punto de referencia que permitía apreciar mejor la to-

[30] *Antidotum in Facium,* IV, VII, 32, pág. 364.

41

nalidad distintiva, la nota original. «Pretendo seguir la
senda de los maestros», aseguraba ya Petrarca, «pero no
siempre las huellas ajenas; quiero servirme de los escritos
de otros no a hurtadillas, sino como quien pide permiso,
y, si cabe, prefiero usar los míos; me complace el parecido,
no la repetición (*similitudo...*, *non identitas*), y aun ese parecido, no servil, donde luzca el ingenio en vez de la ceguera y
la cortedad del admirador»; y al Paolo Cortesi que jamás
osaba «apartar los ojos de Cicerón» le espoleaba Poliziano:
«me gustaría que por fin te decidieras, como suele decirse,
a nadar sin corchos, a valerte de una vez por ti mismo»[31].

Volvamos a la pregunta que nos salía al paso unas páginas atrás. ¿Cómo se enlaza el sueño grandioso de toda
una civilización con un pormenor de sintaxis, con la ortografía de un diptongo, con una errata salvada? Es obvio
que ni las *Elegantiae,* ni las clases de Guarino, ni las múltiples *emendationes in Livium* contenían recetas para ir más
allá de cada una de las cuestiones que específicamente tra-
taban. En la raíz de esos libros y esos trabajos, no obstante,
sí había una actitud que invitaba a franquear las fronteras
de la lengua y la literatura e invadir territorios aun más
vastos.

Para empezar, los pioneros, conjugando en una intuición unitaria monumentos, libros, noticias y nostalgias
patrióticas, habían adivinado en la Antigüedad un modelo global, válido en los más diversos ámbitos, y global-
mente aspiraban a resucitarlo. Por otro lado, la lingüística, la pedagogía, la crítica textual del humanismo partían

---

[31] «Sum quem priorum semitam, sed non semper aliena vestigia sequi iuvet;
sum qui aliorum scriptis non furtim sed precario uti velim in tempore, sed dum
liceat, meis malim; sum quem similitudo delectet, non identitas, et similitudo
ipsa quoque non nimia, in qua sequacis lux ingenii emineat, non cecitas, non
paupertas...» F. Petrarca, *Le Familiari,* XXII, 11, 20, ed. V. Rossi y U. Bosco, IV
(Florencia, 1942), pág. 108. «...tum demum velim quod dicitur sine cortice na-
tes atque ipse tibi sis aliquando in consilio...», A. Poliziano, carta a P. Cortesi,
en *Prosatori latini del Quattrocento,* pág. 904.

de un hastío de las *quidditates* y las quintaesencias medievales y postulaban el ideal de un saber que volviera a la realidad. No, por ejemplo, o cuando menos no como principio, la *grammatica speculativa* artificiosamente deducida de unas reglas, de un sistema de analogías, sino el uso real de unos espléndidos escritores, es decir, el uso de la colectividad afinado por los hallazgos personales. No la teoría, pues, sino la historia.

La lengua se fundamenta en la convención social y la literatura enseña a comunicar las diferencias individuales. Una conjetura acertada o el cotejo con un manuscrito más correcto restituye esa expresión singular y muestra por qué motivo se ha producido el error que la deturpaba: exige entender al autor, pero también al copista, captar las razones y las circunstancias de uno y otro. Por más que a una escala minúscula, sanar un lugar desfigurado por la transmisión medieval es en última instancia un proceso análogo al que nos dibuja la entera trayectoria del humanismo. Todo había empezado con el deslumbramiento estético de unos cuantos ante unos textos y unos restos cuya grandeza hacía más notorias las insuficiencias del presente y proponía como remedio una restauración de la cultura antigua. Pero una enmienda adecuada vuelve palpable cómo se ha deteriorado el pasaje en una edad que por eso mismo hay que calificar de bárbara y cómo la recuperación de la lectura auténtica nos devuelve un modelo más rico para el día de hoy. Incluso una menuda operación de crítica textual supone cobrar conciencia del fluir de la historia.

En esa dirección va sin duda el logro máximo de los *studia humanitatis,* a poco que nos preguntemos por el más hondo cimiento conceptual de sus incontables contribuciones. Al humanismo, en efecto, le seguimos debiendo haber descubierto que nuestra dimensión es la historia, que el hombre vive en la historia, o sea en la variación, en la diversidad de entornos y experiencias, en el relativismo (abajo, págs. 123-124). Pero, por ahí, también en la esperanza. Porque esa visión de la realidad y la temporalidad implica de suyo un programa de acción: implica que es posible cambiar la vida, que la restitución de la cultura antigua abre perspectivas nuevas, que el mundo puede corregirse como se corrige un texto o un estilo...

Unos humanistas lo percibieron así con más lucidez que otros, y ni siquiera Valla llegó a racionalizarlo en términos tan tajantes. Pero durante más de un siglo, desde Petrarca, todos los grandes nombres de los *studia humanitatis* sintieron con mayor o menor nitidez que habían encontrado una llave que permitía abrir muchas más puertas de las que a primera vista parecería a los profanos. La seguridad con que resolvían problemas de lengua y literatura, cuestiones de cronología o geografía, y la evidencia de que sus soluciones y hallazgos mostraban caminos inéditos a muchos propósitos, les dieron un aplomo y una confianza inmensos. La recuperación de un texto tras otro les alentó en la ilusión de que la Antigüedad era un caudal inagotable. Las conquistas filológicas se les antojaron solo un primer paso: pisar firmemente ese terreno les confirmó el acierto de su intuición global. Fueron poseídos por un entusiasmo, por un fervor de inventores y exploradores, que los empujó a demostrar las bondades de los planteamientos y el método que les eran más propios llevándolos a otros dominios. Los planteamientos llegaban en el tiempo oportuno, y el método estaba ciertamente lleno de posibilidades, pero de poco o nada habrían servido si no los hubieran caldeado ese fervor y ese entusiasmo.

IV

En 1422, asevera Guarino, al iniciar un curso sobre el *De officiis,* toda Verona esperaba confiada que el estudio de Cicerón proporcionara «honorem ac iocunditatem» a los alumnos y «utilitatem laetitiamque» a sus amigos y familiares (véase arriba, n. 21). Conociendo el contenido habitual de las lecciones guarinianas, es comprensible que hoy nos preguntemos cómo unas sumarias acotaciones sobre la lengua y los nombres propios del texto podían alcanzar de suyo tan apetecibles objetivos (véase n. 23). Nos consta, sin embargo, que el contenido factual de una educación no consiste por fuerza en presentar expresamente y glosar con detención los objetivos que se propone. Los ideales heroicos de la milicia —recuperemos los ecos de la llamada al combate en el prólogo a las *Elegantiae*— se han inculcado a menudo con un mínimo de declaraciones genéricas y muchas horas de movimientos de armas: una instrucción rutinaria puede obrar milagros si se asocia a la repetición de unas consignas y si una y otra se incorporan al oportuno contexto. Un arte, una ciencia, en efecto, no se transmite necesariamente como puro saber, sino también como modelo de vida o cuando menos como momento de una forma de vida: un bachiller puede matricularse en la facultad de bioquímica porque le obsesionan, pongamos, las enzimas, pero quizá es más común que lo haga porque le cae simpática la propaganda de los ecologistas y se imagina a sí mismo en bata blanca entre los matraces de un laboratorio...

No debemos menospreciar como vacuas las proclamaciones por el estilo de la que acabamos de oír al maestro veronés: el insistente elogio de los *studia humanitatis,* convertido en consigna, era factor importante, no solo para impulsar las posibilidades reales de los grandes supuestos del método, sino incluso para multiplicar las más dudosas virtudes de la instrucción rutinaria. Pero, si seguimos preguntándonos por la relación entre el contenido y los objetivos últimos de las enseñanzas de Guarino, no debe olvidársenos que en su escuela de Ferrara se aprendían también buenas maneras, modos distinguidos de comportamiento. Jenofonte sancionaba que la caza es útil a príncipes y caballeros, en tanto preparación para la guerra y aun

45

simulación de la misma batalla. Si el baile contaba con el beneplácito de Quintiliano, el carnaval podía dar y daba pie, además, a mascaradas mitológicas y a la composición de poesías latinas. El *De remediis* petrarquesco ponía serias objeciones al juego de la pelota, que se le antojaba propio de tiranos como Dionisio de Siracusa; pero a los pupilos de Guarino les estaba permitido porque lo avalaban Alejandro y Escévola.

El aprendiz de humanista, en suma, debía conjugar «el amor por las letras» con «la dulzura en el hablar, la nobleza de costumbres, el refinamiento de modales»[32]. Nadie los conjugó con más garbo que el *arbiter elegantiarum* del temprano Cuatrocientos florentino, Niccolò Niccoli. «Egli fu di bellissima presenza, alegro, che sempre pareva che ridessi, piacevolissimo nella conversatione. Vestiva sempre de bellissimi panni rosati, lunghi infino in terra... Era sopra tutti gli uomini che naquono mai pulitissimo, così nel mangiare come in tutte le cose. Quando era a tavola mangiava in vasi antichi bellissimi, et così tutta la sua tavola era piena di vasi di porcellana o d'altri ornatissimi vasi. Quello con che egli beeva erano coppe di cristallo o d'altre pietre fine. A vederlo a tavola, così antico como egli era, era una gentileza»[33]. ('Fue de hermosísima presencia, alegre, siempre con semblante risueño, gratísimo en la conversación. Vestía siempre bellísimos paños rosados, largos hasta el suelo... Era el más pulido de todos los hombres, tanto en el comer como en cualquier otra cosa. A la mesa, comía en vajillas antiguas hermosísimas, de modo que tenía la mesa toda llena de vasos de porcela-

[32] «Verborum dulcedo, morum gravitas, consuetudinis lepos... Has ad tantas vel animi vel ingenii dotes adde litterarum amorem, bonarum artium studia insignemque disciplinam...» *Epistolario di Guarino Veronese*, II, pág. 292.

[33] V. da Bisticci, *Le vite*, ed. A. Greco, Florencia, 1970-1976, vol. II, págs. 225-242, comentado por E. H. Gombrich, «From the Revival of Letters to the Reform of the Arts. Niccolò Niccoli and Filippo Brunelleschi», en su libro *The Heritage of Apelles*, Londres, 1976, págs. 93-110.

na y otros no menos preciados. Para beber usaba copas de cristal o de piedras finas. Verlo a la mesa, tan antiguo como era, era una delicia.') Vespasiano da Bisticci no descuida que «hay en Florencia infinitos libros latinos que se consiguieron todos gracias a Niccolò». Pero, incluso si lo hubiera callado y no tuviéramos otras noticias sobre el personaje, nos bastaría entrever esos rasgos de su semblanza y saber que se le consideró un adalid de los nuevos estudios, para ir entendiendo algunas de las razones por las que triunfó tan ampliamente el humanismo, y no solo en Italia, sino asimismo, en una variante de esos mismos motivos, también más allá de Italia.

«A tavola, così antico come era...» Según Vespasiano, entonces, ¿el humanismo fue *también* una manera de comer? Sin duda que sí. No solo porque algunos privilegiados pudieran hacerlo en vajillas preciosas, ni solo porque en su día el recetario de cocina que es el *De honesta voluptate* permitiera a los *sodales* de Pomponio Leto saborear unas albóndigas de hígado al tiempo que discutían si lo que tenían en el plato eran los *tomacla* de Marcial (y la discusión no se quedó en la Academia romana), sino también porque el clasicismo se relacionó pronto con el *bon ton* de ciudadanos prominentes como Niccoli y porque se pensó, como escribía el mismo Platina, que únicamente los educados en los buenos saberes «advierten con extraordinaria agudeza las cualidades más diversas y aun opuestas: su personalidad tiene un no sé qué de delicadeza y exquisitez que falta a los demás, y poseen una sensibilidad especialmente dispuesta para el conocimiento de las cosas»[34].

Fue, pues, una manera de comer, sí, como fue una manera de divertirse, de amar, de hacer la guerra, el arte o la

---

[34] «At vero qui liberalibus disciplinis sunt imbuti contrarias qualitates acutissime sentiunt: est enim eorum subiectum delicatius et mollius et sensus habent ad cognitionem rerum promptissimos». *De falso et vero bono*, en B. Platina, *Historia de vitis pontificum*, Venecia, 1504, fol. A VII vo.

literatura. O, desde luego, la letra, una letra inspirada en la minúscula carolina y cuyas dos variedades, todavía nuestras, son igualmente holgadas, simples y diáfanas: la romana, entronizada por la incansable actividad de Poggio, y la cursiva, impuesta por Niccoli, quien, en cualquier caso, le hacía ascos al libro que no estuviera en una «bella lettera antica» y además «bene dittongata»[35]. Porque el humanismo era, en suma, una cultura completa, todo un sistema de referencias, con un estilo de vida, y era en verdad un 'humanismo', un saber que acompañaba al hombre en las más variadas circunstancias; y los padres fundadores lo quisieron así, alternativa total al mundo que despreciaban y demostración palpable, a infinidad de propósitos, de la potencia de tal alternativa. No en balde uno de los textos canónicos del movimiento aseveraba que las «artes ad humanitatem» van con nosotros en la alegría y en la tristeza, en casa y en la plaza, de noche, de viaje, en el campo: «pernoctant nobiscum, peregrinantur, rusticantur» (Cicerón, *Pro Archia*, VII, 16).

Tampoco parezca demasiado ingenuo recordar que no ocurría lo mismo con la otra gran propuesta intelectual que entonces andaba sobre el tapete. La escolástica, en efecto, estaba lejos de ser el fantasma maligno o el fósil inservible que creían los humanistas, antes bien bullía en realizaciones y sugerencias, de la *grammatica speculativa* (y ni siquiera Valla le fue inmune) a las indagaciones físicas de los nominalistas, pasando por las doctrinas sociales y políticas, no pocas veces en coincidencia con las del humanismo. Pero, por definición, el escolasticismo era un paradigma científico que ni toleraba aficionados ni se prestaba a entrar en la vida diaria. El gran reproche que le hacía ya Petrarca era ser estéril, quedarse en datos y especulaciones

---

[35] *Il Paradiso degli Alberti,* ed. A. Wesselofsky, Bolonia, 1867, vol. I:2, pág. 327, citado por B. L. Ullman, *The Origin and Development of Humanistic Script,* Roma, 1960, pág. 71.

sin consecuencias prácticas, mientras a él le importaba que el saber cristalizara «in actum» (n. 51). La escolástica podía ocasionalmente prestar una metafísica a la lírica amorosa o brindar ciertas líneas de fuerza a un poema, incluso a un poema genial. Pero claro está que «a tavola» no se podía ser escolástico como Niccoli era «antico». O, en cualquier caso, a nadie se le ocurrió asociar el escolasticismo a todo un modo de vida tan atractivo para la mayoría como el de Niccoli.

«Nicolaio Nicoli fu fiorentino d'onoratissimi parenti, el padre fu mercatante et rico... Tocogli in parte assai buone sustanze, et subito, lasciate le mercatantie, si dette alle lettere latine..., ragunò grande quantità di libri et tutti gli comprò delle sue sustanze...» ('N. N. fue florentino, de honradísima progenie; el padre fue mercader, y rico... Le correspondió harto buena herencia, y en seguida, dejado el comercio, se dio a las letras latinas..., reunió gran número de libros, todos comprados con su hacienda...') Niccoli, pues, es casi un prototipo: un vástago de la alta burguesía de negociantes que desde los últimos años del Trescientos rige los destinos de Florencia hasta la ascensión de los Medici en 1434 (y, a varios propósitos, todavía más allá). A esa misma oligarquía pertenecían por nacimiento o se elevaron asistiéndola como cancilleres u hombres de confianza Coluccio Salutati, Leonardo Bruni, Poggio, Giannozzo Manetti, Matteo Palmieri, Leon Battista Alberti, y tantos más que se cuentan entre las figuras más ilustres del humanismo[36]. O dicho de otro modo: entre las figuras más ilustres de la época ascendente del humanismo, la proporción de gentes de dinero e influencia, heredados o adquiridos, de gentes prestigiosas y en definitiva envidiables, fue llamativamente abultada.

Es que en Florencia y fuera de Florencia, en una oli-

---

[36] Lauro Martines, *The Social World of the Florentine Humanists, 1390-1460,* Princeton, 1963.

garquía mercantil como entre la aristocracia de un princi-
pado, el humanismo venía a dar a la *élite* una de las pocas
cosas que podía acrecentar la distinción, el género superior de vida que eran propios de su rango: una cultura ín-
tegra y, sin embargo, enormemente flexible. En la Europa
feudal, en rigor, los poderosos no la habían tenido, porque ni sabían qué hacerse con las arideces escolásticas, ni
podía bastarles la literatura romance, por adecuada compañía que a ratos fuera la poesía trovadoresca o el *roman
courtois* y por más que la afición a la historia antigua, que a
menudo no vacilaban en entender como historia de fami-
lia, les hiciera en más de un caso notablemente receptivos
a los clásicos y, en su momento, a las aportaciones bibliográficas de última hora.

El humanismo, en cambio, les proporcionaba unas
vastísimas coordenadas para situar las más diversas experiencias y, en última instancia, les imponía escasas constricciones que no fueran formales, de 'estilo', en un orden
de cosas en que no pudieran moverse ágilmente, a poco
que les apeteciera. En verdad, nunca faltaba un oportuno
precedente antiguo para aprobar o rechazar, a conveniencia, tal o cual proceder, tratárase de jugar a la pelota, como
veíamos un par de páginas atrás, o de zanjar una cuestión
de más peso. Esa ductilidad tuvo que ejercer un intenso
atractivo sobre la clase dirigente.

Porque ni siquiera en el terreno más espinoso, en los
vericuetos de la política, dejaba el humanismo de ser ma-
leable. Los cancilleres florentinos, en especial, supieron
poner a la altura de los tiempos una serie de motivos que
en más de un caso venían rodando desde la edad comunal
—cuando no se trataba lisa y llanamente de universales
políticos—, formulándolos con una nitidez y un vigor
deslumbrantes. En la boca de un Coluccio Salutati o un
Leonardo Bruni, las alabanzas de la *libertas* y la *aequabilitas,*
las virtudes de Catón o la grandeza de Roma antes del Imperio cobraron una fuerza que no habían tenido en la plu-

50

ma de Tomás de Aquino o de Brunetto Latini, porque ahora se articulaban en unas vivencias cívicas más inmediatas, en una visión más rica de la Antigüedad y en una concepción más profunda de la cultura como actividad con inevitable alcance social. No es preciso entender que la *Laudatio Florentinae urbis* refleja una realidad cuando vocea que a orillas del Arno «de varios estamentos ha nacido una suerte de igualdad, pues a los mayores los defiende su poder; a los menudos, la república, y a unos y a otros, el temor del castigo... Pareja es la condición de todos, porque la república sale por los fueros de quienes menos pueden». Ni se impone darle crédito cuando razona que «los florentinos aman la libertad más que nada y son muy enemigos de los tiranos» porque descienden directamente de los romanos de los días dorados en que «todavía los Césares, los Antonios, los Tiberios, los Nerones, peste y destrucción de la república, no habían arrebatado la libertad»[37]. Pero tampoco cabe desdeñar esas ideas y esas explicaciones históricas como pura mitología, porque a veces son los mitos quienes crean las realidades.

Cuando Galeazzo Maria Sforza fue asesinado el día de San Esteban de 1476, la explicación oficial fue que los tres jóvenes conjurados «studiavano il Catilinario» y no tenían «altro fundamento» sino la esperanza de que «ognuno si dovesse levare e gridare libertà» y el deseo de «immitare quelli antichi Romani et essere liberatori della patria»[38]; y uno de los tres «pueri», Girolamo Olgiati, tras la tortura, murió dictando un epigrama latino:

---

[37] «Itaque ex diversis ordinibus facta est quedam equabilitas, cum maiores sua potentia, minores res publica, utrosque vero metus pene defendat..., parem esse condicionem omnium, cum eos qui minus possint ipsa res publica polliceatur ulcisci». «Ut Florentini homines maxime omnium libertate gaudeant et tyrannorum valde sint inimici». «Nondum Cesares, Antonii, Tiberii, Nerones, pestes atque exitia rei publice, libertatem sustulerant». Edición de Hans Baron, *From Petrarch to Leonardo Bruni,* Chicago, 1968, págs. 232-263 (262, 245).

[38] *Apud* Lorenzo de' Medici, *Lettere,* ed. R. Fubini, II (Florencia, 1977), págs. 247-250.

Quem non armate potuerunt mille phalanges
sternere, privata ... dextra
concidit, atque illum minime iuvere cadentem
astantes famuli nec opes nec castra nec urbes.
Unde patet saevo tutum nil esse tyranno.[39]

> ['Mil falanges armadas no pudieron
> derribarlo: abatiólo al fin la mano
> de un hombre solo. Nada le valieron,
> cuando cayó, castillos, oro, criados.
> Jamás escapará el tirano fiero.']

Era lo que les había enseñado su maestro e instigador, el humanista Cola Montano, mientras desde la escuela veían pasar el suntuoso cortejo del señor de Milán. «Los historiadores de hoy tienen razón en no contentarse con la máscara de Bruto y en buscar causas y acicates en el descontento de la nobleza y en las conspiraciones antiducales. Pero —añade certeramente Eugenio Garin— harían mal en no dar la importancia debida a las motivaciones ideológicas, a las ideas-fuerza que armaron a los conjurados, y que ya no eran los valores tradicionales, sino los ideales y los modelos clásicos, iguales en Roma y en Bolonia, en Florencia como en Milán»[40].

Por lo regular, sin embargo, las clases dominantes no tenían que temer ejercicios de *imitatio* tan extremos. Desde el primer momento, desde que percibieron la encendida lucidez con que Salutati volcaba la nueva erudición al servicio del *comune,* en el espejo de Florencia comprobaban más bien otra cosa: que el poder no se movía de donde estaba y los *studia humanitatis* podían ser un excelente instrumento de gobernación y diplomacia; que, pongamos, el papel de Coluccio consistía básicamente en «dar una res-

---

[39] Bernardino Corio, *L'historia di Milano,* Venecia, 1554, fols. 422vo.-425vo.

[40] E. Garin, *Umanisti artisti scienziati. Studi sul Rinascimento italiano,* Roma, 1989, págs. 191-192.

petable vestimenta formal e ideológica a las deliberaciones de los Señores»[41] y que la traducción de los *Económicos* y la institución del *catasto* iban las dos de la mano del mismo Leonardo Bruni. Pronto averiguaron además que en el arsenal humanístico, y a veces incluso en la mochila del mismo humanista, desde el propio Petrarca, siempre se hallaban las armas clásicas convenientes para luchar por la causa en peligro. Si en Florencia la *Política* se hacía republicana y democrática (por tradición local y porque, en definitiva, estar en minoría en una asamblea no robaba poder efectivo a las grandes familias, y también las pequeñas tenían que contribuir a enjugar el creciente déficit comunal), en Milán, al tiempo que la *República* se latinizaba por partida doble, la timocracia ensalzada por Platón se identificaba con el régimen de Gian Galeazzo Visconti; y en la Venecia aristocrática se daba por bueno que solo entre los canales de la laguna se había realizado el ideal de la constitución mixta descrita en las *Leyes:* imposible negar que «los primeros fundadores de la libertad véneta, al constituir la ciudad, recibieron chispas y arroyos de Platón, de modo que de allí brotaran mayores corrientes y brillaran mayores esplendores de los que jamás él mismo o cualquier otro hubiese soñado para su república»[42]. Por si algún recelo les quedaba a los poderosos, el propio Bruni «podía por un lado declarar en el prólogo de su traducción de la *Política* que no había disciplina 'convenientior homini' que la que indaga 'quid sit civitas et quid respublica', según Aristóteles la había expuesto, y, por otro lado, enviar su traducción al rey Alfonso de Aragón, justificando

[41] D. De Rosa, *Coluccio Salutati: il cancelliere e il pensatore politico*, Florencia, 1980, pág. x.

[42] «... primos Venete libertatis fundatores scintillas rivulosque constituende civitatis sic a Platone accepisse ut maiores inde fluvii emanarint maioresque splendores rutilarint quam unquam aut ille ipse de republica sua aut quilibet alius cogitasset». Edición de J. Monfasani, *Collectanea Trapezuntiana. Texts, Documents and Bibliographies of George of Trebizond*, Binghamton, 1984, págs. 199-200.

el regalo con la consideración de que la *Política* era 'magnum ac dives instrumentum regiae gubernationis'»[43].

No, con el humanismo, los grandes difícilmente tenían nada que perder, y sí, con certeza, no poco que ganar. En la variedad a su medida, el humanismo les enseñaba a duplicar sus horizontes con un orbe ideal más rico y más completo que cualquier otro (inmensamente más rico y más completo, por supuesto, que el mundo de la caballería artúrica y carolingia), un orbe que rebosaba en puntos de referencia con los que confrontarse a cualquier propósito, que invitaba a estilizar la vida, refinaba el ocio y la conversación, proporcionaba una elegancia inédita con que distinguirse, no ya del común de los mortales, sino entre las filas de la propia *élite*. Era un universo cultural nuevo, polivalente, manejable, cómodo... Comprendemos que la flor y nata de Italia, y luego de toda Europa, lo acogiera con singular benevolencia y lo pusiera de moda en una versión *ad usum Delphini*.

Nadie ilustra la situación más limpiamente que Alfonso el Magnánimo. ¿De dónde le venía esa fascinación por la Antigüedad que le hacía quedarse embelesado oyendo las décadas de Livio y hasta seguir con curiosidad las discusiones filológicas sobre tal o cual pasaje? El bagaje que traía de España es controvertible. No ignoraba el latín, desde luego (en Perpiñán, en 1415, actuó incluso como intérprete del Emperador Segismundo), pero estaba más nutrido de traducciones que de originales, y más que las páginas de Séneca, a quien sin embargo admiraba mucho, debieron de ser importantes para él los libros de historia, antigua o moderna (justamente quería fundirlas en una sola), cuya incidencia en la realidad había tenido larga ocasión de comprobar, por ejemplo, en más de un plei-

---

[43] Nicolai Rubinstein, «Le dottrine politiche nel Rinascimento», en M. Boas Hall *et al.*, *Il Rinascimento. Interpretazioni e problemi*, Bari, 1979, págs. 183-237 (212-213).

to dinástico. El primer *dictum et factum* alfonsino que recoge el Panormita nos pinta al Magnánimo resolviéndose a auxiliar a Juana de Anjou, para no ser menos que Hércules, que no esperaba que vinieran a pedirle ayuda[44]. Es exactamente así como estaba acostumbrado a encararse con la *matière de Rome*. Un remoto antecesor suyo, también de nombre Alfonso y también célebre por sabio, relataba que un compañero de Hércules, Hispán, primer rey de España, había construido un acueducto para proveer a las necesidades de Segovia y que él, hallándolo en ruinas, lo mandó restaurar, como quien continuaba y emulaba al héroe de antaño. Nuestro Alfonso no partía de diversa actitud. Es fácil imaginar cuánto le agradó que a poco de ocupar Nápoles, gracias a los soldados que infiltró a través de un viejo acueducto olvidado, Leonardo Bruni le enviara el fragmento del *De bello italico adversus Gothos* en que contaba cómo mil años atrás Belisario había recurrido a idéntico expediente para tomar la misma ciudad. El pasado fluía hacia el presente por esos acueductos.

En todo caso, si algo sabía el Rey es que «el mundo se rige en la mayor parte por openión»[45] y que la «openión» entonces más estimada llegaba del campo de los *studia humanitatis*. Percibirlo así e instrumentalizarlo a su favor, incluso si no hubiera sentido por el mundo clásico la atracción que ciertamente sentía, habría ya sido prueba de un talento en verdad soberano y muestra óptima de hasta qué punto el humanismo se prestaba a ser no solo escuela de erudición, sino instrumento político y estilo de vida para grandes señores. A Alfonso le convenía especialmente crearse una aureola cuyo brillo cegara a cualquier reticencia sobre su legitimidad en Aragón y, obviamente, en Ná-

[44] Antonio Beccadelli, il Panormita, *De dictis et factis Alphonsi regis*, I, 1, texto preparado por M. Vilallonga, en *Dels fets e dits del gran rey Alfonso*, trad. J. de Centelles, ed. E. Duran, Barcelona, 1990, pág. 78.

[45] *Apud* J. Rubió i B. laguer, *Humanisme i Renaixement*, Montserrat, 1990, pág. 244.

poles, o sobre su condición de 'bárbaro' y (Maquiavelo *dixit*) «principe nuovo», y supo lograrsela con la contribución de los mayores humanistas coetáneos en todos los flancos estratégicos.

En seguida fue proverbial la generosidad con que trató tanto a los colaboradores inmediatos, desde Valla y Bartolomeo Facio a Manetti y Giovanni Pontano, como a los más ocasionales, fueran Pier Candido Decembrio, Jorge de Trebisonda, Flavio Biondo o el inaguantable Francesco Filelfo. Hoy quizá creemos que el fruto que el Rey esperaba recoger de esa generosidad eran solo los objetivos concretos perseguidos por cada tratado, biografía o discurso escritos a instigación suya. Al leer la *Declamatio* en que Valla, con argumentos jurídicos, históricos y lingüísticos (¿cómo dar fe, por ejemplo, a un documento de Constantino que emplea el *exstat* medieval en vez de *est*?), demuestra la falsedad de la supuesta Donación que servía de fundamento a las pretensiones territoriales del Papado, nos impresiona pensar que la obra para nosotros emblemática de la nueva cultura es en primer término un «acto de guerra»[46], orientado por precisas instrucciones de Alfonso, en la larga campaña que desde años atrás mantenía el Magnánimo con Eugenio IV, y en el mismo momento en que el Pontífice decidía apoyar militarmente a René de Anjou. Claro que la liberalidad del Rey buscaba con frecuencia resultados a corto plazo, pero habitualmente le interesaban asimismo los menos inmediatos, del vago orden que podía reportar la dedicatoria de una traducción por Teodoro Gaza o de la disertación *De dignitate et excellentia hominis* por Giannozzo Manetti. Porque Alfonso juzgaba que las batallas también se ganan por «decus et existimatio», por «dignitas et fama», más por el prestigio personal que por la fuerza: «victoria enim nonnunquam fama

---

[46] Mario Fois, *Il pensiero cristiano di Lorenzo Valla nel quadro storico-culturale del suo ambiente*, Roma, 1966, pág. 341.

magis quam viribus acquiritur»[47]. Que ese prestigio lo persiguiera básicamente a través de los humanistas dice con más claridad que nada hasta qué punto los *studia humanitatis* podían ser un valor estimado entre los grandes.

Precisamente porque lo eran involucraban intereses y suscitaban debates más allá de las apariencias filológicas. En 1444, Cosimo de' Medici regaló al Aragonés un espléndido códice de los *Ab Urbe condita,* a la depuración de cuyo texto, ya iniciada en Florencia, se aplicaron los humanistas alfonsinos con el Panormita y Facio en cabeza y bajo la mirada atenta del monarca, a quien ni siquiera dejaba indiferente que la lección correcta fuera *menia cepta, menia capta* o *Meniacepta.* Valla, excluido de la tarea porque su pericia no daba a los demás posibilidad alguna de lucimiento, pronto denunció que los letrados de cámara estaban corrompiendo, no simplemente la prosa de Livio, sino además el magnífico ejemplar regio, «quo nullus in omni Italia est augustior»[48], y se concentró en el empeño de desacreditarlos continuando y difundiendo, en particular, las correcciones a la Tercera Década introducidas por él mismo en un manuscrito que había sido de Petrarca y donde a veces las protegía de ladrones firmándolas con las siglas «L. V.»[49]. De suerte que la cuadrilla de sus rivales, a la desesperada, se resolvió a hacer desaparecer la tal Década y sustituirla por una copia libre de las comprometedoras deturpaciones incriminadas por Valla...

El episodio no es mera anécdota, sino que dice mucho sobre la trayectoria del humanismo. En torno a las enmiendas a Livio, con las herramientas no tan inocentes de la filología, estaban ventilándose cuestiones de preeminencia y crédito ante el Magnánimo, con las consiguien-

---

[47] Panormita, *De dictis et factis Alphonsi regis,* III, 51, pág. 238.

[48] L. Valla, *Antidotum in Facium,* IV, VI, 19, pág. 349.

[49] Giuseppe Billanovich, *La tradizione del testo di Livio e le origini dell'umanesimo,* vol. II: *Il Livio del Petrarca e del Valla: British Library, Harleian 2493, riprodotto integralmente,* Padua, 1981.

tes ventajas para quien saliera vencedor, porque los *studia humanitatis* eran muchas cosas, pero también un arma y un distinguido entretenimiento de príncipes. Sobre el códice que Valla utilizaba para apabullar a los otros cortesanos de Nápoles, Petrarca había soñado el *África* con fervores patrióticos... Que, sin embargo, no le impedían dedicar póstumamente el poema a otro «magnanimus», Roberto de Anjou, a cuya dinastía Alfonso arrebataba ahora el trono. En el arranque de todas esas andanzas estaba la exaltación cívica con que un Lovato Lovati y un Albertino Mussato se habían afanado en los *Ab Urbe condita*. Pero siete años después de que Cosimo le enviara el mentado manuscrito, en 1451, cuando el *Antidotum in Facium* valliano ya andaba en manos de los doctos y el Panormita y sus cómplices habían desembarazado al *codex regius* de la ominosa Década Tercera, el *Consiglio maggiore* de Padua, asintiendo a la solicitud del mismo Beccadelli, regalaba al Aragonés una «portiuncula» de la última reliquia de Livio que había sido exhumada en la ciudad: ni más ni menos que un trozo del brazo derecho, «versus manum»[50]. No es mal símbolo de cómo la cultura acuñada en los *comuni* con entusiasmos republicanos llegaba a la edad de los señores y de los reyes.

V

Mientras se sintieron apóstoles de una buena nueva redentora y lucharon, sin darlos de mano, por ir más allá de los estudios filológicos, los humanistas italianos fueron también el más poderoso motor de la cultura europea. En verdad, entre el atardecer del Tresciencientos y el alba del

---

[50] *Apud* Gius. Billanovich, Mariangela Ferraris e Paolo Sambin, «Per la fortuna di Tito Livio nel Rinascimento italiano», *Italia medioevale e umanistica*, I (1958), págs. 245-281 (280).

Quinientos, en el panorama intelectual de Occidente apenas hay una novedad de primera importancia, un cambio de rumbo decisivo, que no nazca del humanismo de Italia o no haya de reconocerle una deuda significativa. Cuando los abandonó la exaltación de evangelizadores, la llama había cruzado ya los Alpes y el Mediterráneo, y, por otra parte, las bases culturales de la cristiandad, gracias a ellos, eran ya otras. En no pocos aspectos siguieron siéndolo hasta la revolución romántica. Pero esa victoria póstuma, más duradera, probablemente hubiera sido vista como un fracaso o como una pobre compensación en las horas gloriosas del humanismo de vanguardia.

Desde el principio se supo, en cualquier caso, que no era suficiente cultivar los *studia humanitatis* propiamente dichos (nota 71). Petrarca dedicó la primera mitad de su vida, hasta bien entrado en la cuarentena, a empaparse de Antigüedad y elaborar una obra latina de impecable clasicismo. Quiso entonces que la semilla de la filología diera frutos de gran literatura y nobles miras patrióticas: la reconstrucción de los *Ab Urbe condita* debía desembocar en la semblanza de Escipión y en los escorzos biográficos del *De viris illustribus;* en confluencia con los trabajos sobre Livio, la anotación exhaustiva de la *Eneida* (en el suntuoso manuscrito hoy conservado en la Biblioteca Ambrosiana de Milán) tenía que foguearlo para el *Africa,* la vigorosa epopeya en torno a las guerras púnicas. Pero la perspectiva cambió con las meditaciones, las experiencias y los años. Francesco cobró conciencia de que ni el *Africa* ni el *De viris* acababan de responder al ambicioso diseño originario, ni eran libros que pudiera estimar sino una exigua minoría, y de que, por el contrario, toda la erudición clásica que los alimentaba, falta de un modo de presentación que hiciera en seguida patente sus virtualidades, corría el peligro de malgastarse, de no ser tomada en la debida consideración, si no la hacía cristalizar en formas y asuntos más generalmente accesibles y más directamente ligados a la realidad del momento y a las necesidades de un amplio número de lectores.

Esa perspectiva madura mudó profundamente la actividad de Petrarca. En teoría, si después de los cuarenta años no hubiera escrito una línea más, los autores latinos que rescató y difundió en la primera etapa de su carrera bastarían para seguir honrándolo como fundador del humanismo y padre del Renacimiento; pero, de hecho, esos autores, de Cicerón a Vitruvio, distarían de haber tenido la fecundidad que alcanzaron si el Petrarca maduro no hubiera enseñado a leerlos y aprovecharlos. Así, si en 1341 había querido ser coronado como «magnus poeta et historicus», menos de un decenio después el título que reclama es escuetamente el de «philosophus». El clasicismo puro y duro de la juventud se convierte ahora en un clasicismo 'aplicado': el *Africa* y el *De viris* quedan inconclusos, y el humanista se consagra a componer unos textos más ágiles, menos exigentes, que salgan al encuentro de la vida diaria, los avatares de la política, las relaciones de amistad, los problemas éticos, las grandes cuestiones intelectuales, para probar que el legado antiguo es la cultura humana que mejor acompaña las enseñanzas de la religión.

Son textos tan varios como las epístolas en prosa coleccionadas en las *Familiares* y sobre todo en las *Seniles,* a un tiempo densas y vivaces, o como los más secos diálogos del *De remediis utriusque fortune* (abajo, pág. 148), pero en resumidas cuentas el objetivo es siempre el mismo: porque trátese de invitar a la interioridad, polemizar con los aristotélicos, denunciar con irrefutables razones de estilo y cronología la falsedad de unos presuntos diplomas atribuidos a César y a Nerón (y ahí, en una de las *Seniles,* XVI, v, está la cabeza de Júpiter de donde salió armado el Valla de la *De falso credita et ementita Constantini donatione declamatio*) o discurrir sobre las más modestas realidades cotidianas, de jugar a la pelota a perder en los dados, todas esas páginas están animadas por el mismo propósito de mostrar cómo los *studia humanitatis* pueden y deben traducirse «in actum», encauzarse «ad vitam»[51].

La trayectoria petrarquesca anticipa la orientación más representativa de todo el siglo siguiente: el núcleo del humanismo, literario, lingüístico, histórico, tiende a crecer incorporándose otras materias y buscando la simbiosis con otros saberes o, cuando menos, fertilizándolos. El Petrarca «philosophus» lo encaminó particularmente a identificar unos ciertos rasgos de la condición humana, «quid humanum omniumque gentium comune» (abajo, n. 161), que los clásicos ilustraron en una medida y con una elocuencia ejemplares para los mismos cristianos. No hace falta insistir en el 'imperialismo' de la filología de Valla, seguro incluso de que era el *orator,* no el jurista, quien debía dictar las leyes, por no decir más, «ut alia taceantur»[52]: en el prefacio que antes hojeábamos, prometía que la restauración de la lengua de Roma traería consigo la restauración de todas las disciplinas, e incluso la pintura, la escultura y la arquitectura renacerían «cum litteris».

Entendemos fácilmente que la perspectiva de las *Elegantiae* permitiera al mismo Valla repensar el entero sistema de la ética ahondando en la semántica de *honestas* y *voluptas* o elaborar todo el sistema de una dialéctica tan original como robusta, que ni siquiera temió aplicar a la teología de la Santísima Trinidad. Comprendemos asimismo que el radical enfrentamiento con los 'galos' afinara el cristianismo hondo y esencial de nuestro humanista y lo llevara a cifrar en la *charitas* y no en los «praecepta philo-

---

[51] «Tunc enim est utilis notitia literarum dum in actum transit, seque ipsam rebus approbat, non verbis... Haec omnia, nisi ad vitam referantur, quid sunt aliud quam inanis instrumenta iactantie inutilisque labor ac strepitus?» *De remediis utriusque fortune,* I, XLIV, ed. G[ianfranco] C[ontini], *Mostra di codici petrarcheschi Laurenziani,* Florencia, 1974, pág. 83, comentado en F. Rico, *Vida u obra de Petrarca,* I: *Lectura del «Secretum»,* Padua, 1974, págs. 58, 87, etc.

[52] *Apud* L. Cesarini Martinelli, «Le postille di Lorenzo Valla all'*Institutio oratoria* di Quintiliano», en *Lorenzo Valla e l'umanesimo italiano,* pág. 42.

sophiae» la respuesta al misterio de la predestinación[53]. Nos parece bien consecuente que la vuelta a los antiguos fuera en él de la mano con la vuelta a los Padres de la Iglesia y la crítica textual de los clásicos lo condujera a la crítica textual del Nuevo Testamento. Menos evidente resulta, en cambio, qué ligámenes específicos encontraba Valla entre la resurrección de las artes plásticas y el retorno de ese Quintiliano a quien idolatraba como fuente de todo conocimiento (porque «nadie, de no ser un dios —por expresarlo así—, podría decir más que él, ni con más contundente ingenio ni mayor elocuencia»[54]).

Los artistas no suelen ser devoradores de literatura. A los de entonces, ciertamente, los primeros estímulos del clasicismo les llegaron en el libro de los monumentos y de las ruinas: las lecturas de Nicola Pisano estaban en los sarcófagos del Camposanto vecino; las de Donatello o Ghiberti, en las colecciones que ellos mismos habían reunido. Las lecciones que ahí aprendieron y comunicaron con más o menos firmeza fueron sin duda importantes para adensar el clima en que el retorno a la Antigüedad fue configurándose como alternativa total a las frustraciones del presente. Por otra parte, los temas clásicos, por lejos de cualquier arqueología que estuvieran los ojos con que se miraban, no carecían de tradición en la plástica medieval, en tanto, hacia 1440, ni siquiera en Florencia existía aún ni un solo lienzo de asunto pagano. Desde luego, no era en la infiltración de formas y motivos antiguos en lo que pensaba Valla al subrayar que las artes estaban resucitando «con las letras». Los ligámenes, no obstante, eran bien ciertos: la individuación de unas categorías lingüísticas distintas acarreaba unas categorías distintas también en ese ámbito de la estética. Cualquiera que empezase a estudiar las *Elegantiae* con alguna aplicación tenía que termi-

---

[53] Lorenzo Valla, *De libero arbitrio*, ed. M. Anfossi, Florencia, 1934, pág. 9.
[54] *Repastinatio dialectice*, vol. I, pág. 244.

narlas pertrechado de otro repertorio conceptual para apreciar el arte. Quien, por ejemplo, se familiarizara en ellas con la diferencia entre *decus* («honorificentia») y *decor* («quasi pulchritudo»), *facies* («ad corpus») y *vultus* («ad animum refertur»), *fingere* («generale vocabulum») y *effingere* («fingendo representare»), no podía emplear una frase como, pongamos, *vultus decorem effingere* sino al tiempo que se ejercitaba en una nueva manera de percepción y se formulaba nuevas preguntas sobre lo que cabía esperar del arte[55].

Nadie dio el paso de la lengua y la literatura a las artes plásticas con más seguridad que Leon Battista Alberti. Un lustro antes de las *Elegantiae*, en 1435, el *De pictura* explicaba por primera vez que la *compositio* pictórica debe consistir en la estructuración de la obra de un modo tal, que cada superficie plana y cada objeto tengan un papel conexo con el de los demás en el efecto de conjunto. La noción, nos consta, era extraña a la Edad Media, y el propio Alberti señala que tampoco en el antiguo se encontraba sino alguna rarísima pieza debidamente compuesta, «apte composita». Sin embargo, la *composición* que definía y preceptuaba no podía ser más clásica. La *compositio* pictórica, en efecto, supone una jerarquización de elementos que dependen entre sí: las superficies se resuelven en los miembros, los miembros conforman los cuerpos, los cuerpos se armonizan en la *historia*, en el tema del cuadro. «Ex his [superficiebus] membra, ex membris corpora, ex illis historia»[56]. Pero semejante concepción no es más que un trasvase a la plástica de la *compositio* que en la tradición retórica enseñaba a construir un pasaje con palabras que se resuelven en frases, frases que conforman cláusulas y cláusulas que se

---

[55] *Elegantiae*, IV, xv, xiii y V, xliii, citados y comentados por Michael Baxandall, *Giotto and the Orators. Humanist observers of painting in Italy and the discovery of pictorial composition, 1350-1450*, Oxford, 1971; en ese hermoso libro me fundo también en el párrafo siguiente.

[56] L. B. Alberti, *De pictura*, II, 35, ed. C. Grayson, Bari, 1975, pág. 61.

armonizan en el período. «Ex coniunctione verborum comma, ex commate colon, ex colo periodos». Cuando Mantegna difundió los grabados que concretaban en imágenes los razonamientos de Alberti, incluso los pintores menos próximos a los *studia humanitatis* pudieron hacer suya la que estaba destinada a ser una de las máximas innovaciones del arte renacentista.

La *compositio* del *De pictura* es solo una versión más de otro principio formulado asimismo en los términos familiares de la retórica: la *concinnitas*. La *concinnitas* consiste en esa singular armonía, fundada en una norma precisa, en una *ratio* cierta, que conjugando las partes con el todo engendra la *pulchritudo*[57]. Resuelta en números, ritmos, proporciones, responde a unos principios inmanentes que la naturaleza aplica universalmente, que se hacen presentes en el cuerpo humano como en las flores, que los oídos oyen en la música y los ojos aprecian en las cosas bellas, pues también están en el alma del hombre. Pero la estética va de la mano con la ética, porque es igualmente la naturaleza quien marca en otros ámbitos la «summa e divina legge dei mortali»[58]. Una ley que sin embargo los mortales porfían obcecadamente por destruir: si la una distingue árboles y frutos, los otros los adulteran con cruces e injertos; si la una esconde el oro y dispersa las gemas, los otros los buscan en las entrañas de la tierra y en los países más remotos. «Habían huido los abetos a las montañas más altas, lejos de las costas: nosotros los arrastramos no para otro fin mayor que para pudrirse en el mar. Estábanse los mármoles yaciendo en tierra: nosotros los colocamos en las portadas de los templos y sobre nuestras cabezas»[59].

[57] «Nos tamen brevitatis gratia sic diffiniemus: ut sit pulchritudo quidem certa cum ratione concinnitas universarum partium in eo cuius sint, ita ut addi aut diminui aut immutari possit nihil, quin improbabilius reddatur». L. B. Alberti, *De re aedificatoria*, VI, 2, ed. G. Orlandi, Milán, 1966, pág. 447.

[58] *De iciarchia*, en *Opere volgari*, ed. C. Grayson, II (Bari, 1966), pág. 195.

[59] «Eransi fuggiti gli abeti in su e' monti altissimi lungi dal mare: noi li strascinammo non quasi ad altro uso in prima che a marcirlo in mare. Stavansi

Puede sonar a paradoja que quien así denuesta los intentos del hombre por enmendar la plana a la naturaleza tenga por obra maestra un tratado de arquitectura. Pero si algo prueba la apariencia de contradicción es justamente que la mirada de Alberti era tan amplia, tan inquisitiva, tan perspicaz, que abarcaba las imágenes más diversas y aun opuestas de la realidad. Es, si no me engaño, esa inigualada riqueza de perspectivas la cualidad que convierte el *De re aedificatoria* (1443-1452) en la cota suprema del primer humanismo.

La 'arquitectura' de Leon Battista no se queda en la mera traza de casas, palacios o templos: se extiende a toda la compleja acción del hombre sobre el entorno, contemplada al par como respuesta a necesidades y como expresión de aspiraciones, considerada como espejo de la sociedad y primer instrumento para transformarla, entre la obediencia a la naturaleza y la posibilidad (o la tentación) de encauzarla, entre la moral y el arte, la ciencia y la política. En el feroz teatro del universo que Alberti contrahace en el *Momus,* Júpiter, al ver desplomarse el arco triunfal encargado por Juno, se enoja con los dioses y los hombres y resuelve destruir el mundo, pero ignora cómo crearlo de nuevo[60]. Le habría bastado leer el *De re aedificatoria*.

En efecto, la *aedificatio* comprende desde la proyección de ciudades, desde el urbanismo en el sentido más pleno y clarividente, hasta la conducción de aguas subterráneas, la contención de mares y lagos, la perforación de montes, la

e' marmi giacendo in terra: noi li collocammo sulle fronti de' templi e sopra e' nostri capi». *Theogenius,* en *Opere volgari,* II, pág. 94.

[60] «'Quo fruantur mundus non placet... Novam vivendi rationem adinvenimus: alius erit nobis adeo coedificandus mundus'... Sic hac in re Iuppiter neque odia dediscere suo cum animo neque non meminisse iniuriarum apud alios videri cupiebat, sed cum nullam inveniret novi condendi mundi faciem atque formam quam huic veteri non postponeret atque despiceret, cumque intelligeret se initam provinciam satis nequire commode per suas ingenii vires obire, instituit aliorum sibi fore opus consilio». *Momo o del principe,* ed. R. Consolo, Génova, 1986, págs. 160 y 174.

desecación de pantanos o el encauzamiento de ríos, pasando por la fabricación de barcos, máquinas de guerra e incluso «medios de transporte, molinos, relojes y otros objetos menudos, importantísimos en tantas ocasiones...» No se encierra Alberti en las cavilaciones filosóficas y matemáticas en torno a la *concinnitas* que no obstante estimaba cumbre de la jerarquía intelectual y ocupación por excelencia del sabio: se planta a pie de obra, palpa los materiales, comprueba las texturas, toma en cuenta el paisaje, charla con artesanos y obreros, calcula precios, discute con propietarios, *committenti* y aficionados, riñe a los albañiles y es reñido por los clientes...

Alberti ha meditado a Vitruvio, Plinio y otros cien autores, pero también ha examinado directa y minuciosamente las construcciones romanas y visitado las modernas con ánimo atento; ha tratado con Brunelleschi y con humildes canteros, con Nicolás V y con labriegos, con Toscanelli y con carpinteros de aldea. De todos ha aprendido y a todos confía en ofrecer cosas útiles. El objeto del tratado, la arquitectura, es de por sí dilatado y complejo donde los haya. Pero él lo ilumina descubriéndole los rincones en principio más insospechados y situando cada punto, libre y ágilmente, en las más varias coordenadas, técnicas, estéticas, sociales, económicas, enfocándolo desde muchedumbre de ángulos, abordándolo desde las lecturas y desde la experiencia, desde la teoría más exigente y desde la práctica más quisquillosa. Ningún condicionamiento, interés, contingencia, queda sin un comentario oportuno. En el discurso caben y se entrelazan todas las dimensiones de la arquitectura y todas las direcciones de la vida.

Por eso mismo el *De re aedificatoria* está tan lejos de ser un simple 'manual del arquitecto' como una abstracta 'teoría de la arquitectura'. El texto fluye en una prosa limpia, eficaz, que sin duda costó al autor mayor esfuerzo que las filigranas con voces recónditas que muchas veces le divierten en los escritos más estrechamente literarios. Al tiempo que censura la lengua de Vitruvio, «que no es ni latín ni griego», él mismo subraya, por ejemplo, la dificultad de nombrar o describir la infinidad de productos, instrumentos, operaciones que le era obligado sacar a colación: «Incidebant enim frequentes difficultates et rerum explicandarum et nominum inveniendorum...» (VI, 1). A Leon Battista, vigoroso artífice y (prematuro) defensor del vulgar, quizá le habría sido más fácil redactar el *De re aedificatoria* en el peculiar toscano que él gastaba. Pero, de pasársele por la cabeza, la idea no duraría allí ni un minuto: un libro abierto a tantas cuestiones, provechoso para tantos posibles lectores, no tenía sentido sino en latín, ni aun en otro idioma hubiera sido éticamente aceptable para nuestro humanista.

Desde luego, son continuas las referencias a la Antigüedad. Alberti parece haberla desentrañado toda, en los documentos y en los monumentos, *sub specie architecturae,* alerta a recoger la mínima indicación susceptible de aportar una sugerencia todavía válida o, por otro lado, dispuesto a poner paredes y tejados, según sus propios criterios, donde solo había personajes y acontecimientos. Nada pintan aquí los *exempla* convencionales y las citas de repertorio: cada nombre, dato, episodio, sale de una reflexión personalísima que lo integra en el razonamiento con cabal pertinencia, en un incansable ir y venir entre el pasado y la contemporaneidad. Pero la más honda sustancia clásica de la obra no radica siquiera en ese empleo de noticias y opiniones de los antiguos, en el diálogo permanente con ellos, sino en el generoso modo de perseguir las implicaciones de los temas en distintos planos, proyéctandolos sobre múltiples panoramas convergentes entre sí.

Era ese un *modus procedendi* esencialmente clásico, digo, porque respondía al estímulo simultáneo de todo el legado de Grecia y Roma. Disertando sobre el caudal de conocimientos profesionales que debe reunir el arquitecto, Alberti le prescribe comportarse como quienes se consagran a los *studia humanitatis:* «Ningún hombre de letras considerará que ha ahondado en ellas lo suficiente hasta no haber leído y asimilado, no solo a los mejores, sino a todos los autores que hayan dejado algún escrito al propósito que a él le ocupa»[61]. Pero quien se siente obligado a leer a *'todos los autores'* es porque cree que todos se complementan y acaban por conjugarse en un sistema orgánico, en una *concinnitas* que es el verdadero modelo que importa emular. Tomar como norte ese espléndido *corpus* significa plantearse ante cualquier problema todas las preguntas que se formulaban todos los maestros antiguos y asediarlo desde todos los puntos de vista que los unos añadían a los otros, comprenderlo más enteramente pasándolo por todos los tamices y contrastándolo con todos los matices que los *studia humanitatis* han acostumbrado a apreciar en los clásicos.

Pues bien, Leon Battista Alberti no llegó a la *aedificatio* atraído únicamente, ni mucho menos, por las lecciones de la Antigüedad. Pero solo porque las había hecho suyas según el programa de los humanistas pudo concebir la arquitectura en términos tan vastos, como una suma tan densa de elementos en juego, con tal abundancia de horizontes, concertando tantas perspectivas, implicando a tantos protagonistas. El *De re aedificatoria* funda la arquitectura moderna, hasta nuestros días, porque los *studia humanitatis* no eran sencillamente un almacén de materiales varios, sino una trama de relaciones que invitaba a explorar la realidad siguiendo a la vez infinidad de caminos, a recorrerla a través de sendas en muchos casos olvidadas durante más de un milenio.

El descubrimiento de la *compositio* y la invención (no temamos decirlo) de la arquitectura son muestras diáfanas

---

[61] «Caeterum sic gerat velim sese, uti in studiis litterarum faciunt. Nemo enim se satis dedisse operam litteris putabit, ni auctores omnes etiam non bonos legerit atque cognorit qui quidem in ea facultate aliquid scripserint quam sectentur». *De re aedificatoria,* IX, 10, pág. 855-857.

de cómo el paradigma del humanismo podía determinar y determinó el cambio y hasta la revolución en otros dominios, cuya amplitud y variedad basta a sugerir el nombre de Alberti. No cabe que nos detengamos más en él. Pero aprovechemos todavía para notarlo: el trasfondo humanístico de todas y cada una de sus empresas no puede hacernos reducir al gran Leon Battista a una mera caja de resonancia de los *studia humanitatis*; sin embargo, los incontables logros de su personalidad excepcional tampoco habrían sido posibles ni habrían tenido semejante eco sin la levadura y el contexto del humanismo. Porque, hay que ser consciente de ello y señalarlo con toda claridad, Valla tenía razón: en el momento de publicarse las *Elegantiae,* y hasta muchos años después, los antiguos enseñaban cosas nuevas, capaces de brindar soluciones inéditas a problemas de importancia, y la dedicación de los humanistas a la lengua y la literatura clásicas era un factor real de progreso en los más variados terrenos. Todavía más: eran material, concretamente fecundas no solo las aportaciones del mundo grecolatino, eran fecundos no solo los paradigmas humanísticos, sino incluso la conciencia de que las unas y los otros estaban sobre la mesa y ni siquiera quienes andaban enzarzados en guerras harto diversas podían permitirse ignorarlos.

No puedo volver sobre Alberti y apuntar en qué sentido su *Descriptio urbis Romae* y el mapa anejo a ella se enlazan con las ideas sobre la *compositio* y la perspectiva pictóricas y todas echan raíces en el mismo suelo de la ciencia antigua. Baste decir que los humanistas, por conveniencias pedagógicas y por exigencia intelectual, sentían la necesidad de situar los nombres y las cosas, de la Antigüedad y del presente, no solo en el tiempo, sino también en el espacio que les era propio, y por ahí, dieron alas a los estudios geográficos, en forma de repertorios, comentarios, mapas y nuevos textos, con la *Geografía* de Ptolomeo, traducida por Manuel Crisoloras y Iacopo Angeli, en el puesto de honor. A lo largo del siglo xv, por otro lado, las aspiraciones comerciales, los sueños de conquista, las necesidades de expansión de una Europa que se quedaba pequeña impulsaron la epopeya de las navegaciones y los descubrimientos. En principio, un auténtico océano separaba a humanistas y marineros, pero ambos bandos acabaron por franquearlo y encontrarse. En Italia y en España, en particular, las confluencias fueron numerosas desde fecha temprana, pero el episodio más significativo es el que envuelve al mayor humanista de la Península Ibérica y al mayor marinero de la época, un iluminado genovés al servicio de la Corona de Castilla.

Entre 1487 y 1490, Antonio de Nebrija compuso y publicó el *Isagogicon cosmographiae,* una lúcida presentación del método geográfico de Ptolomeo, donde las autoridades clásicas y los sólidos fundamentos astronómicos y matemáticos conviven con una despierta atención a los intentos y logros de los navegantes contemporáneos, de cuyo arrojo el autor espera que en pocos años cambien notablemente el mapamundi heredado colmando los huecos que dejaron los antiguos, en especial para el hemisferio de los antípodas: «ut est nostri temporis hominum audacia, breve futurum est ut nobis veram terrae illius descriptionem afferant...»[62] Exactamente en esos mismos años, si no la principal, una de las grandes preocupaciones de Cristóbal Colón era ponerse en pie de igualdad con los doctos como Nebrija. Los saberes de hombre de mar que un día alumbraron su fe en la viabilidad de llegar a la India por el Oeste se habían oído sin convencer a nadie en España, Portugal e Inglaterra. Los Reyes Católicos le devolvían ahora las esperanzas, instándolo a discutir sus argumentos con

---

[62] *Apud* F. Rico, «Il nuovo mondo di Nebrija e Colombo. Note sulla geografia umanistica in Spagna e sul contesto intellettuale della scoperta dell'America», en *Vestigia. Studi in onore di Giuseppe Billanovich,* ed. R. Avesani *et al.,* Roma, 1984, págs. 575-606, también con las citas que hago en el próximo párrafo.

«sabios e letrados e marineros». Con estos últimos estaba hablado prácticamente todo; la salida consistía, pues, en convencer a los «sabios e letrados» empleando su mismo lenguaje.

No sabemos si el Almirante llegó a conocer el *Isagogicon,* pero es seguro que lo necesitaba urgentemente. Si lo tuvo en las manos, no siempre encontraría las razones que buscaba, porque los datos y los cálculos nebrisenses, precisamente por ser más correctos que los suyos, no favorecían demasiado el proyecto. Pero el *Isagogicon* sí podía proporcionarle —y, si no se los proporcionó, el genovés tuvo que procurárselos en fuentes afines— justamente los materiales adecuados para debatir sus tesis con los «letrados», amén de referencias y noticias que hacían más viable la navegación planeada y que Colón ciertamente no desatendió. Recordemos solo que la clave de la *Geografía* ptolemaica, fielmente expuesta por Nebrija, consiste en situar el mundo conocido en la cuadrícula de los paralelos y meridianos, fijando las distancias «mathematice» (es decir, según módulos astronómicos), mientras las cartas náuticas del Cuatrocientos se limitan a dar las orientaciones merced a la rosa de los vientos y a la red de rumbos que la prolonga, sin graduación en latitud y longitud. Cuando Colón partió para las Indias, en cambio, ya había hecho suyos los planteamientos que son la razón de ser del *Isagogicon* y llevaba el propósito de asociar las viejas mañas de los marinos y los nuevos recursos de los estudiosos haciendo «carta nueva de marear... por latitud del equinocial y longitud del Occidente»[63].

Los portulanos se conjugaban por fin con el atlas de Ptolomeo: si Nebrija nunca perdió de vista a los navegantes contemporáneos, Colón tuvo que asomarse al terreno de Nebrija. No por gratuita curiosidad intelectual, sino

[63] Cristóbal Colón, *Diario del Descubrimiento,* ed. M. Alvar, Cabildo Insular de Gran Canaria, 1976, vol. II, pág. 17.

porque sabía que era en él donde se gestaban las grandes novedades del momento y que en él podría hallar ayudas eficaces para cortar más de uno de los nudos que lo retenían. Era la ruta al «novus ... mundus» que pretendía construir el Júpiter de Alberti (n. 60). Valla, en efecto, tenía razón.

VI

Las biografías de los primeros humanistas, desde Petrarca, arrancan a menudo con la silueta de un padre jurista que quisiera hacer seguir a su hijo la remunerativa profesión del derecho. Al mediar el Cuatrocientos, un abogado que visitara Nápoles muy bien podía pensar que los *studia humanitatis* prometían quizá un porvenir más brillante. Bastaba tener tres o cuatro noticias del Panormita: poeta áulico de Filippo Maria Visconti, coronado en Parma por el Emperador, soberbiamente pagado (cerca de mil ducados en 1454) y venerado por el Magnánimo como su constante maestro «iocunde et serio in poesia et oratoria facultate ac philosophia morali et doctrina rei militaris»[64]. Carreras como la de Beccadelli eran para dar envidia a cualquiera, y por supuesto que se la dieron a muchos, pero, incluso sin alcanzar esas cimas, a un *poeta et orator* de alguna consideración se le ofrecían excelentes posibilidades de empleo en las cancillerías, en las casas de nobles y banqueros, en la curia papal, en las *familiae* del alto clero... Eran puntualmente los caminos que había seguido Enea Silvio Piccolomini, el desenfadado fabulador de la *Chrysis* o del *Eurialo y Lucrecia,* pero también erudito historiador, cosmógrafo, pedagogo, siempre gran prosista, y en 1458 la Cristiandad lo aclamaba como Pío II. El mercado de trabajo, además, iba creciendo, al paso que la

---

[64] Documento publicado por J. Ruiz Calonja, en el vol. citado en la n. 44, pág. 319.

nueva cultura ganaba entre los próceres unos adeptos que en seguida se convertían en modelos y en patronos de los menos afortunados. La nueva cultura no solo podía dar buenos sueldos, sino relaciones e influencias, porque en una medida más que notable rompía las barreras del rango, y los millonarios de entonces se complacían en el trato con los entendidos como los de hoy gustan codearse con actores y deportistas. Una sólida formación clásica no le sobraba a nadie: a un clérigo, un médico, un legista, podía proporcionarle, cuando no más, amistades provechosas, capitalizables en renombre y en oportunidades.

No es extraño, pues, que para los días de Alfonso los *studia humanitatis* se hubieran asentado firmemente en la enseñanza, de las escuelas municipales a las facultades de artes, pasando por las múltiples modalidades de la docencia privada. Digámoslo en seguida y con énfasis: probablemente no hay otra coyuntura más delicada y a la postre más decisiva en la historia del humanismo. Porque, cuando parecían tener todas las bazas en la mano, se diría que los humanistas italianos dejaron de jugar la gran partida de la civilización nueva, de los «meliora secula» que habían soñado[65].

Valla muere en 1457. En torno a esa fecha, la situación tiene efectivamente todas las apariencias de un triunfo: el humanismo ha alcanzado respeto y prestigio, hasta ir entrando en los círculos del poder y del dinero, y, sobre todo, se le han entregado las llaves de la pedagogía. Desde ahora, a salvo los inevitables reductos, cada vez más débiles y cada vez en número menor, sin *studia humanitatis* no hay ya educación socialmente estimada. Una persona bien

---

[65] Petrarca, *Africa*, IX, 453-456, 475: «At tibi fortassis, si —quod mens sperat et optat— / es post me victura diu, meliora supersunt / secula: non omnes veniet Letheus in annos / iste sopor», «... donec ad alterius primordia veneris aevi» ('A ti quizá, si, como mi alma espera y pide, has de sobrevivirme largamente, te aguardan mejores siglos: no ha de durar para siempre este sopor letal...', '... hasta que llegues al umbral de una nueva edad').

educada, culta, es quien ha hecho suya, cuando menos, la versión del humanismo que entonces generaliza la escuela secundaria, quien discurre como por territorio suyo por «esa zona de metáforas, ese mercado común de símbolos e ideas» que constituyen la herencia clásica y «trascienden las fronteras tanto de los países como de las épocas de una forma que les resulta imposible a las literaturas nacionales»[66]. No se trata, desde luego, de conseguir la perfección de un Lorenzo Valla. En la inmensa mayoría de los casos, al alumno más común de los humanistas, el alumno de bachillerato —digámoslo así—, se le pide que maneje el latín con soltura (de griego, le bastarán unas nociones, unos *eroimata,* como se decía), que esté familiarizado con las grandes obras (o los grandes fragmentos) de los grandes autores y se mueva ágilmente por la Antigüedad, sin necesidad de convertirse en un experto de pies a cabeza. Ha de saber apreciar el *numerus* de un período y, aunque posiblemente pase menos horas ahondando en Cicerón que aprendiendo con Stefano Fieschi (Fliscus) a dar una docena de variaciones a la frase «Deus nos adiuvet», tendrá por cierto que ningún pensamiento puede renunciar a la elegancia en la expresión. Las artimañas de la *inventio,* la *dispositio* y la *elocutio* se volverán para él un hábito mental irreversible, y no habrá tema de conversación que no sepa aderezar con una larga serie de referencias al mundo clásico. Las lecciones y las lecturas, en fin, posiblemente le habrán llamado la atención sobre un significativo repertorio de problemas morales, no tanto en abstracto cuanto encarnadas en hombres y en textos, y comunicado una cierta sensación de que frente al pasado cercano el saber está viviendo una época de esplendor y justificadas esperanzas.

No cabe pecar de exigentes: la enseñanza implica siempre una cierta trivialización, y el pupilo de los humanistas que salía de la escuela «in arte oratoria, poesi et

---

[66] Ernst H. Gombrich, *Tras la historia de la cultura,* Barcelona, 1977, pág. 86.

grammatice» (n. 17) con una formación como la recién esbozada era probablemente un alumno aprovechado. En todo caso, que las etapas básicas de la educación generalizaran el nivel medio de paradigmas y datos que supone un alumno con ese perfil podía, insisto, considerarse un triunfo. Todavía más: en una perspectiva amplia, es preciso concluir que lo fue, y tal vez el supremo. Pero también es preciso registrar otra verdad: en el mismo momento en que la nueva cultura llega a la escuela y, por ahí, echa firmes raíces en toda la sociedad italiana, los principales cultores del núcleo más definitorio y permanente de los *studia humanitatis* se repliegan sobre sí mismos y parecen perder el entusiasmo expansivo que los había venido animando a alumbrar un «alter aevum» (n. 65).

Los mayores humanistas de la edad anterior habían sido filólogos de primera fila, curtidos especialistas en cuanto tuviera que ver con la Antigüedad, pero a la vez, partiendo del clasicismo, habían irrumpido en otros campos, de la filosofía a la política, de la geografía a la religión, con el designio de transformarlos profunda y aun sustancialmente. La auténtica «eruditio» —proclamaba Leonardo Bruni— une las palabras y las cosas: «litterarum peritiam cum rerum scientiam coniungit»[67]. Todos suscribían esa convicción, la aplicaran en la dirección que la aplicaran, la pusieran al servicio de unos o de otros intereses, y despreciaban la doctrina que no florecía en obras. Para ellos el saber era necesariamente activo, impregnaba la vida privada y repercutía en la pública. En parte, la actitud obedecía al ideal retórico que configuraba al humanismo desde los mismos fundamentos, porque la *eloquentia* de los retóricos es en primer lugar arte de persuasión, manera de diálogo y presencia en la *polis*. En parte, respondía a las circunstancias en que se había forjado el

---

[67] *De studiis et litteris*, ed. H. Baron, *Leonardo Bruni Aretino. Humanistisch-philosophische Schriften*, Leipzig-Berlín, 1928, pág. 6.

ambicioso proyecto de restauración total de la Antigüedad; y, como fuera, la fe que profesaban los pioneros los estimulaba y hasta los obligaba a demostrar en los terrenos no estrictamente literarios las posibilidades de las letras clásicas como elemento de renovación.

Es justamente ese impulso a salir del núcleo filológico, ese empeño por conquistar el mundo, lo que se pierde según el Cuatrocientos se acerca al *fin de siècle*. No ha de sorprendernos demasiado. El destino de las vanguardias es quemarse o bien diluirse en la cultura establecida. La divulgación del humanismo a través de la escuela, y pronto también a través de la tipografía, significaba poner al alcance poco menos que de cualquiera unos conocimientos y unas técnicas que hasta el momento habían sido únicamente de una combativa minoría. Una minoría, desde luego, ansiosa de compartir ese tesoro, pero que precisamente porque el reparto había comenzado se veía privada de una meta y comprobaba qué lejos de la realidad estaba el sueño. Las ideas motrices tendían ahora a darse por supuestas, y los grandes principios, a fuerza de repetirse en unos cuantos lemas, habían ido perdiendo poder de seducción. Los quehaceres pendientes eran en muchos casos poco lucidos o definitivamente sosos. Cierto, por ejemplo, que se precisaban manuales y repertorios. Pero ¿iba a ponerse Valla a redactar un libro para principiantes? Una vez, había comenzado un *Ars grammatica* para Alfonso el Magnánimo, pero ni con ser quien era el destinatario pasó de unas pocas páginas; y ni siquiera habría visto con demasiada simpatía que Niccolò Perotti se ocupara en los *Rudimenta* que inauguran la ilustre serie de las gramáticas del humanismo: en su ambiente, no se dio por bueno que Giovanni Tortelli añadiera un «de dictionibus latinis» a la monumental *Ortographia* que en realidad constituye una auténtica enciclopedia del mundo antiguo[68].

---

[68] M. Regoliosi, «Nuove ricerche intorno a Giovanni Tortelli», *Italia medioevale e umanistica*, XII (1969), págs. 129-196 (183).

Por otro lado, al volverse los *studia humanitatis* programa escolar generalizado la figura que los representa a los ojos de la mayoría no es ya el singular intelectual que acomete empresas brillantes y anuncia grandezas para mañana, sino el maestro anodino, mejor o peor preparado, más o menos voluntarioso, que gasta las horas en desasnar adolescentes. Con otra preparación y otros objetivos, pero al cabo el mismo pobre «gramático» de siempre. El común de las gentes no ve otra figura que ese modesto dómine, cuya misión no discute, que antes bien aplaude, pero que le resulta escasamente atractiva. A los horizontes utópicos suceden las rutinas de la enseñanza cotidiana; al desafío de la novedad, a las grandes promesas, las limitaciones y las miserias de la pedagogía.

Es fácil de entender que los *letterati* de más categoría, y en especial las grandes lumbreras de la universidad, quisieran marcar las distancias frente a los obreros del humanismo. Ariosto, acusándolos indiscriminadamente de sodomitas, jerarquizaba a esos peones en «grammatici e humanisti»[69], de menor a mayor. Pero en 1492 Poliziano se indignaba de que *también* se llamara «grammatici» a quienes se ocupaban en la enseñanza elemental, «in ludum trivialem», extendiendo un título antaño ilustre a quienes no pasaban de «grammatistae», maestros de primeras letras[70].

[69] Ludovico Ariosto, *Satire,* ed. C. Segre, VI, 25 (primera redacción), Turín, 1987, pág. 54, n.

[70] «Nostra aetas parum perita rerum veterum nimis brevi gyro grammaticum sepsit. At apud antiquos olim tantum auctoritatis hic ordo habuit ut censores essent et iudices scriptorum omnium soli grammatici... Nos autem nomen hoc in ludum trivialem detrusimus tanquam in pistrinum... Ceterum apud Graecos hoc genus non grammatici, sed grammatistae, non litterati apud Latinos, sed litteratores vocabantur» ('Nuestros tiempos, poco duchos en las cosas de antaño, han encerrado al gramático en un círculo asaz estrecho... Mas tanta autoridad tenían entre los antiguos los de tal rango, que los gramáticos eran los únicos que censuraban y juzgaban los textos de todo género... Nosotros, en cambio, hemos confinado el nombre a la escuela de primeras letras, como a trabajos forzados... A quienes ahí enseñaban, los griegos no los llamaban gramáticos, sino gramatiqueros, y los latinos, no letrados, sino letradores'). A. Poliziano, *Lamia,* ed. A. Wesseling, Leiden, 1986, págs. 16-17.

Un escalón por encima, se diría aun más sintomático que fuera en ese período cuando en la jerga universitaria se acuñó la palabra *humanista* para designar al profesor de *humanitas* o *umanità* (es decir, normalmente, un bloque de cinco materias, con el común denominador de las fuentes antiguas: «gramática, retórica, poesía, historia y filosofía moral»[71]), más tarde, y secundariamente, aplicada asimismo al «estudioso de asuntos clásicos aun sin ser por fuerza profesor»[72]. Sintomático, porque el vocablo (formado según el modelo de *jurista* o *artista*) es bastardo, plebeyo, y jamás lo hubieran empleado los humanistas del primer Cuatrocientos, ni lo emplearon apenas los posteriores: al llegar a la escuela, a los cursos propedéuticos de la universidad, los *studia humanitatis* se banalizaron en un término zafio y cargado de matices negativos, usado incluso con desdén, «per contemptum»[73].

Otra era la situación, desde luego, más allá de los Alpes. El fervor que va entibiándose en Italia se aviva a menudo fuera de la Península, donde el humanismo, con la fascinación de la novedad, puede mostrar más insinuantemente sus encantos como modelo de cultura y, todavía mejor, como modelo de vida. Un forastero con un mínimo de gusto y curiosidad salía fácilmente deslumbrado de Florencia, Roma o Ferrara. No hay más que pensar en al-

[71] Paul Oskar Kristeller, *Studies in Renaissance Thought and Letters*, Roma, 1969[2], pág. 573.

[72] Augusto Campana, «The Origin of the Word 'Humanist'», *Journal of the Warburg and Courtauld Institutes*, IX (1946), págs. 60-73 (66).

[73] «Dum ... in haec nostra humanitatis studia illorumque sectatores intueor, quaerendum videtur esse cur haec nonnulli ita contemnant, ut, quasi ex sentina et faece literariae sint R. P., per contemptum vulgo *humanistas* velut remiges aut baiulos appellent...» ('Al meditar sobre las humanidades y sobre quienes las cultivamos, viene al caso preguntarse por qué hay quienes desprecian tanto estos estudios nuestros, que, como si se tratara de la cloaca y las heces de la república de las letras, nos llaman desdeñosamente *humanistas,* cual a remeros o mozos de cuerda...') Fabio Paolini, *De doctore humanitatis oratio* (1586), *apud* Rino Avesani, «La professione dell''umanista' nel Cinquecento», *Italia medioevale e umanistica*, XIII (1970), págs. 205-232 (213).

gunos clientes del librero Vespasiano da Bisticci. Por ejemplo, en «meser Andrea Ols», vale decir, Andrew Holes, procurador del rey de Inglaterra en la curia pontificia, que se quedó cerca de dos años a la sombra de Santa Maria del Fiore, trocando «il modo di vivere secondo gli inghilesi» por unas costumbres «alla 'taliana», y encargó «tanta somma di libri», que de vuelta a casa no pudo llevárselos por tierra y tuvo que mandarlos en barco. O en el cordobés Nuño de Guzmán, quien en 1439, después de correr mundo, de Tierra Santa a Borgoña, se instaló por largo en Florencia, donde «l'usanza sua» era matar las horas en tertulia con Giannozzo Manetti, Leonardo Bruni «et con tutti questi letterati» y hacer traducir del latín «infiniti volumi di libri nella lingua toscana». O en Jorge Hasznóz, arzobispo de Kalocza, en Hungría, «ch'era 'talianato», y una vez gastó tal dineral en manuscritos, que un sacerdote florentino tuvo que prestarle doscientos ducados, en prueba de que «Firenze non era privata di uomini grati e dabene».

Pese a algún apurillo ocasional, Jorge Hasznóz, Nuño de Guzmán, Andrew Holes, como tantos otros extranjeros que utilizaban los servicios de Vespasiano, eran gentes de fortuna e influencia: prelados, nobles, altísimos funcionarios... No importa demasiado en qué medida habían asimilado las novedades italianas: las muestras de atención y respeto que les prestaban eran los mejores valedores de los *studia humanitatis* en tierra extraña. Porque desde las postrimerías del Trescientos venían difundiéndose por Europa no pocas obras clásicas puestas en circulación por el humanismo y un número no despreciable de escritos de los propios humanistas: estaban en el mercado, y quien acostumbrara a tratar con libreros tenía que acabar descubriendo, cuando menos, algunos títulos de interés para él, fueran cuales fueran su bagaje y objetivos. Para todos y de todo había en la viña de los *studia humanitatis*. Pero el recurso a uno o muchos de tales textos de ningún modo suponía en principio un cambio de dirección cultural: en infinidad de casos, los datos, noticias, formulaciones recién llegados de Italia se dejaban usar asépticamente, no ya sin asumirse el sistema intelectual del que provenían, sino incluso desde posiciones que lo contradecían frontalmente. A lo largo de todo el siglo xv, es normal, así, tropezarse con casos como el de un Pierre Flamenc tomando del *De remediis* un largo elogio de la *virtus* estoica y metamorfoseándolo en panegírico de la «sacra legalis sciencia»[74], el derecho canónico tan cordialmente aborrecido por Petrarca. Comúnmente, tampoco tenía trascendencia mayor que un religioso de tal o cual monasterio o un catedrático de tal o cual universidad regresara de Bolonia o de Roma jurando por Guarino y por Valla: en un terreno áspero, sin abono, la semilla apenas podía dar sino las flores de ciertos logros aislados, no macizos multicolores ni lujuriantes jardines.

Hay que repetir, sin embargo, que con amplia perspectiva, en la *longue durée*, el triunfo supremo del humanismo, por más de tres siglos, radica en haber puesto los cimientos de la educación que formó a las *élites* europeas (e hizo entrar en ellas a no pocos hombres de procedencia modesta), a todas las grandes figuras que construyeron la Edad Moderna. Por supuesto, esos cimientos solo estaban en condiciones de echarlos quienes manejaban las herramientas del poder. No es posible aquí entretenerse en detalles sobre las modalidades y la cronología del proceso en las diferentes regiones y ciudades. Pero creo justo afirmar *grosso modo* que el humanismo cuajó fuera de Italia no porque Livio y Cicerón cayeran en manos de más lectores (como efectivamente cayeron), ni porque fuera adoptándolo un erudito tras otro hasta convertirse en orientación

---

[74] *Apud* Nicholas Mann, «Petrarch's Role as Moralist in Fifteenth-Century France», en *Humanism in France at the End of The Middle Ages and in the Early Renaissance,* ed. A. H. T. Levi, Manchester, 1970, págs. 6-28 (17).

predominante (pues quizá nunca llegó a serlo), sino porque consiguió en las altas esferas un número importante de padrinos generosos. Fueron ellos, principalmente, quienes favorecieron el clima y proporcionaron los medios necesarios para que las propuestas de los humanistas se concretaran en prácticas e instituciones de larga repercusión social, quienes constituyeron el marco que aseguraba continuidad, coherencia y proyección al quehacer de los expertos.

Un puñado de especialistas no es una cultura: el trabajo de un buen clasicista puede ser hoy apreciado y aprovechado por los especialistas del mundo entero, pero en su país los planes de la escuela y del bachillerato seguirán siendo los mismos si el ministro del ramo no lo llama a consulta y le hace caso. El humanismo como suma teórica de las aportaciones que un día confluyen idealmente en la *Altertumswissenschaft* no es lo mismo que como revolución de la enseñanza y, por ahí, de la civilización europea. En tanto tal, el *establishment,* la aristocracia, le prestó el apoyo definitivo: sin él, el humanismo se habría quedado, por a disgusto que fuera, en otra escuela de pensamiento, en una tendencia intelectual más, sin una auténtica presencia pública. No se crea, sin embargo, que la revolución se produjo porque desde arriba se impusiera a golpe de decreto. Ni una disciplina ni menos una cultura arraigan de verdad ni por constricción ni en tanto puro saber autónomo, sino porque son consideradas interesantes y valiosas como maneras de vida, fases de una conducta, elementos de una sociedad. Pero que en el ambiente de los poderosos hubiera sitio para las artes *ad humanitatem* significaba que también podía haberlo para quienes las estudiaran. Los marxistas (no sé si Marx) afirmaban que la cultura dominante es la cultura de las clases dominantes. Juan de Lucena lo había dicho con más gracia, cuando a Isabel la Católica le dio por aprender latín: «Lo que los reyes hacen, bueno o malo, todos ensayamos de hacer... Jugaba el Rey: éramos todos tahúres; estudia la Reina: somos agora estudiantes»[75].

Con ejemplos como los italianos, de Nápoles a Milán, costó relativamente poco que príncipes, grandes señores, magnates entendieran los *studia humanitatis* como un elemento propio del vivir aristocrático y fueran mirándolos con creciente benevolencia, porque no había nadie más sensible al prurito de estar *à la page,* a las modas que implicaban un prestigio de clase. La nobleza medieval había saboreado siempre las crónicas y prestado especial atención a la variada literatura *de regimine principum,* porque las entendía como una genealogía y una teoría del poder que era suyo. En ese sentido se dejaba llevar sin excesivo problema una buena parte, y no solo en la historiografía, de las aportaciones de los humanistas, quienes, en cualquier caso, anduvieron con pies de plomo para no desmentir la interpretación de sus más constantes patronos. Leonardo Bruni tenía óptimas razones cívicas para proclamar, y en toscano, que «de todos los ejercicios humanos... ninguno se halla de mayor peso ni de mayor estima que el de las armas, por los antiguos llamado 'disciplina militar'. A este sublime y glorioso ejercicio, como a más excelente, rinden honor todos los otros ejercicios humanos. Ni ciencia, ni literatura, ni elocuencia son pares o iguales a la gloria de las armas...»[76] Pero también las tenía para dejar que su *De militia* pudiera entenderse, con el sentido de la palabra más ordinario en la Edad Media, como 'tratado de la caballería': porque la profesión de *miles,* la pertenencia al superior estamento de la caballería, seguía siendo el mayor orgullo de aficionados a las buenas letras de quienes podía

[75] Juan de Lucena, «Carta exhortatoria a las letras», en *Opúsculos literarios de los siglos XIV a XVI,* ed. A. Paz y Melia, Madrid, 1892, págs. 209-217 (216).

[76] Citado por L. Gualdo Rosa, «L'elogio delle lettere e delle armi nell'opera di Leonardo Bruni», en *«Sapere e/è potere». Discipline, dispute e professioni nell'università medievale e moderna. Il caso bolognese a confronto...,* Bolonia, 1990, págs. 103-115 (114).

esperar tanto como Alfonso el Magnánimo o el Duque de Gloucester.

En las primeras generaciones, el 'humanismo' de los poderosos no solía pasar de una lectura de los antiguos con los anteojos de la «cavalaria» y «lo regiment de la cosa pública»[77] y de un clasicismo apuntado a la bibliofilia, el coleccionismo y las artes. Ligero y superficial como era en sí mismo, tenía, no obstante, un decisivo efecto multiplicador. Así, Janos Vitéz, primado y gran canciller de Hungría, «hizo ordenar una magnífica biblioteca y quiso que hubiera libros de todas las materias y los hizo buscar en Italia y fuera de Italia, y muchos que no se encontraban los hizo copiar en Florencia, sin reparar en gastos con tal que fuesen bellos y depurados... Mandó a numerosos jóvenes a Italia a estudiar a su costa, proveyéndolos de libros, dinero y cuanto necesitaban, y no solo quiso que se impusieran en las letras latinas, sino también en las griegas. Entre otros, envió a Ferrara, bajo la férula de Guarino, a micer Juan, obispo de Cincoiglesias, que fue entendidísimo en griego y en latín y dotadísimo para escribir, tanto en verso como en prosa», y, en efecto, consiguió una inmensa reputación como poeta con el nombre de Jano Pannonio. «No contento con eso, en Buda fundó una excelente universidad y allí llevó a los más doctos que pudo hallar en Italia, sin mirar al sueldo, y quiso que se enseñaran todas las facultades. Llamó a pintores, escultores, carpinteros..., todo tipo de artistas, para ennoblecer cuanto fuera posible la patria que hasta su tiempo había estado y estaba en la mayor oscuridad»[78].

La situación se repite multitud de veces: los «dotti uomini», los maestros de *studia humanitatis,* forman parte de

[77] *Apud* F. Rico, «Petrarca y el 'humanismo catalán'», en *Actes del sisè col·loqui internacional de llengua i literatura catalanes,* Abadía de Montserrat, 1983, págs. 257-291.

[78] V. da Bisticci, *Le vite,* I, págs. 321-322.

una remesa mayor de elegancias y refinamientos importados de Italia. Conrad Celtis alababa a Federico de Sajonia por haber ornado la corte tanto de poetas, oradores y romanistas como de astrólogos, músicos y pintores. Al mismo orden de cosas pertenecían para el Cardenal Mendoza proteger a Antonio de Nebrija, reunir una gran biblioteca y una fabulosa colección de medallas o, sin duda con el asesoramiento de su sobrino el Conde de Tendilla, que no en balde había vuelto de Roma con Pietro Martire d'Anghiera, asegurarse de que las obras del vallisoletano Colegio de Santa Cruz se realizaban «a la antigua». En Amboise, entre los italianos traídos por Carlos VIII, se contaban no solo un humanista, sino arquitectos, lenceros y un adiestrador de papagayos...

Los nombres de esos mecenas pueden evocar adecuadamente las circunstancias que caracterizan el momento capital en la expansión transalpina del humanismo, cuando el poder recurre a los nuevos letrados para confiarles la educación de sus cachorros y cuando el prestigio social que así consigue el humanismo extiende la demanda a otros ámbitos. Iban quedando lejos los tiempos en que el salmantino Jacobo Publicio, haciéndose pasar por ciudadano «de Florentia», llegaba a la universidad de Leipzig, en 1467, como unos años antes o después a Lovaina, Erfurt, Viena o Cracovia, y fijaba una *intimatio* de pocas líneas para anunciar que por un precio módico enseñaría, en un aula o «in loco proprie habitacionis», unos saberes, «poeticam oratoriamque artem», capaces de convertir a los alumnos de todas las facultades en «viri» por encima del común de los «homines»[79]. Al cabo de medio siglo, en todas las ciudades visitadas por Publicio existían cátedras de humanidades bien remuneradas y atendidas por profesores que se beneficiaban del patrocinio y aun de la amistad

---

[79] A. Sottili, *Giacomo Publicio, «Hispanus», e la diffusione dell'Umanesimo in Germania,* Universidad Autónoma de Barcelona, 1985, págs. 14-18.

de las personas más encumbradas. No todo estaba hecho: a los humanistas *in partibus infidelium* les quedaban muchos enemigos y muy duras batallas por librar. Estaban dispuestos a darlas, porque disponían de unas armas de eficacia probada y creían firmemente en la causa que los movilizaba. Pero, en cualquier caso, la alianza de los poderosos con los *studia humanitatis* les había ganado la mitad de la guerra.

VII

En el crepúsculo del Cuatrocientos, era inevitable en Italia una cierta depreciación del humanismo, porque la punta del iceberg, su concreción más comúnmente visible, flotaba ahora en el mar de las menudencias cotidianas; e inevitable era también, por ende, que los grandes astros quisieran singularizarse abandonando el papel de profetas y misioneros, que se había vuelto un tanto ambiguo, y desentendiéndose de los horizontes lejanos para encerrarse en la especialización. Cuando Cicerón y Virgilio, la *Rhetorica ad Herennium* y la *Institutio oratoria,* podían leerse en todas las escuelas y comprarse por cuatro perras en todas las librerías, los humanistas de mayor talla tuvieron necesariamente que fijarse un nivel más alto. Un siglo de descubrimientos, tanteos y conquistas les había puesto en las manos multitud de materiales y recursos filológicos que abrían nuevas perspectivas. En particular, el progresivo dominio de la lengua y la literatura de Grecia extendió extraordinariamente el ámbito de la investigación: amén de revelar un mundo propio inagotable, el griego era «la *altera vox* decisiva»[80] para resolver numerosas cuestiones

---

[80] Vincenzo Fera, «Problemi e percorsi della ricezione umanistica», en G. Cavallo *et al., Lo spazio letterario di Roma antica,* III: *La ricezione del testo,* Roma, 1990, págs. 513-543 (516).

de fuentes, para aclarar pasajes oscuros, para perfeccionar la lexicografía. Pero una parte vital del espacio abierto por los estudios griegos estaba ocupado por libros científicos, de Hipócrates a Teofrasto y de Galeno a los tratados naturales de Aristóteles; y en ese espacio las obras empezaban a hablar de verdad cuando callaba la filología más estrechamente técnica que entonces iba de crecida, cuando el interés se trasladaba del texto al tema en sí. En cierto sentido, la misma corroboración de todos esos extremos, más aun que la superioridad de que alardeaban los helenistas emigrados de Bizancio y por mucho que un Poliziano o un Ermolao Barbaro quisieran refutárselo incluso a sí mismos, restaba vuelos al sueño originario del humanismo, en tanto iba socavando el mito de la lengua de Roma como panacea universal que tan enérgicamente había alentado a los padres del movimiento.

Durante un par de decenios, en la época inmediata a la consolidación escolar de los *studia humanitatis* y al afianzamiento de la imprenta, las nuevas exigencias de especialización se volcaron sobre todo en el comentario minucioso, punto por punto, de las piezas más difíciles y exquisitas de la tradición, de las *Silvas* de Estacio a los *Fastos* ovidianos o la *Historia natural* de Plinio, los textos erizados de alusiones y referencias que ningún «grammaticus» provinciano se atrevería a explicar. Era un género agradecido, porque los estudiantes acogían con tanto gusto como los editores esas anotaciones exhaustivas que por otro lado engrosaban la reputación y el salario del profesor. Pero también era fatigoso e insuficiente, porque las aportaciones más llamativas para los doctos se perdían de vista en el océano de obviedades y nimiedades que requerían los alumnos y los docentes de a pie. Cabía dar, pues, un paso adelante: «no más parrafadas sobre cosas nuevas para los ignorantes pero obvias para cualquier experto; solo los nudos por desatar, allí donde se presentaran, elegidos y yuxtapuestos de acuerdo con el único criterio de la dificultad, como prueba de fuerza del intérprete y casi como un reto»[81].

Nadie, ni Filippo Beroaldo, ni Marco Antonio Sabellico, que lo anticiparon ligeramente, dio ese paso con más decisión y soltura que Angelo Poliziano en la primera centuria (1489) de sus *Miscellanea,* destinada a continuarse en una segunda que la muerte del autor (1494) dejó inédita entre sus papeles cuando iba algo más que mediada. Lecturas estragadas en la transmisión textual, voces mal interpretadas, alusiones y fuentes inadvertidas, problemas de historia literaria, son los «nudos por desatar» que Poliziano, sea en unas cuantas líneas, sea en un par de páginas ricas en guiños estilísticos a los enterados, desenlaza ahí gracias a una agudeza privilegiada y a unos asombrosos conocimientos, engalanados, en especial, con un señorío entonces sin rival sobre las letras griegas. «En realidad, era la culminación de un largo esfuerzo, a través del cual la escuela humanística, presionando sobre la nueva industria de la imprenta, había conseguido proponer su derecho a la existencia, en la sociedad contemporánea, como clase privilegiada, en concurrencia con los juristas y con los filósofos y médicos. Más allá de las tareas pedagógicas y retóricas, se había alzado con la administración exclusiva, indivisible, del patrimonio clásico, con la humanística ciencia de la Antigüedad» (n. 81). Pero, al tocar en los *Miscellanea* su cota filológica indisputablemente más alta y conquistar así la condición de disciplina autónoma, la tradición histórica del humanismo italiano se cerraba en sí misma, en una concha profesoral y profesional, y renunciaba a las estridencias de la plaza pública[82].

[81] Carlo Dionisotti, «Calderini, Poliziano e altri», *Italia medioevale e umanistica,* XI (1968), págs. 151-185 (166).

[82] «Age vero ut nunquam forum, nunquam rostra, nunquam subsellia, nunquam conciones ineamus, quid tandem est in hoc ocio atque in hac privata vita iucundius, quid dulcius, quid humanitati accomodatius, quam eo sermonis genere uti, qui sententiis refertus, verbis ornatus, facetiis urbanitateque expolitus,

Parece duro asociar el nombre de Poliziano a la idea de clausura o ensimismamiento. El humanismo quizá no conoció ningún espíritu más abierto, y pocas sensibilidades más frescas. Pero su infinita curiosidad está puesta por entero al servicio de la filología y solo por excepción quiere expresarse más allá. Desde las primeras páginas de los *Miscellanea* se subraya que una íntima familiaridad con la filosofía, el derecho, la medicina, la dialéctica y, en suma, con todas las artes de la enciclopedia es condición imprescindible para quien se proponga explicar a los poetas y hacer cosa de provecho por la latinidad, «rem iuvare Latinam»[83]. En el umbral de las *Elegantiae* se nos aseguraba que el estudio del latín era el único camino «ad omnem sapientiam» (n. 2). Podrían parecer dos modos de decir una misma cosa. En rigor, bien de otro modo, Poliziano y Valla marchan en direcciones diametralmente opuestas: del latín «ad omnem sapientiam», de todas las artes al latín. Valla tendía a anexionarse territorios, desestimaba a Aristóteles (porque no se había ocupado en cosas de prestancia como hacer política o escribir historias[84]) y no dudaba

nihil rude, nihil ineptum habeat atque agreste?» ('Pon que no vayamos nunca al foro, nunca a los estrados, nunca a los tribunales, nunca a los sermones. Aun así, en una vida ajena a los negocios, a los asuntos públicos, ¿qué será más grato, más gozoso, más propio de un hombre bien instruido, que un estilo nutrido de sentencias, con ornato de lenguaje, refinado con sales y elegancias, sin nada tosco, nada inadecuado ni rústico?') Poliziano, *Oratio super Fabio Quintiliano et Statii Sylvis*, en *Prosatori latini del Quattrocento*, pág. 882.

[83] *Miscellaneorum Centuria Prima*, 4, ed. H. Katayama, Tokio, 1982 (extracto de *Relazioni Facoltà di Lettere Università di Tokyo* [en japonés], VII, 1981), pág. 200.

[84] «Neque vero mihi videtur tanti ingenii Aristoteles, ut quasi Achiles Herculesve inter heroes, aut luna inter sidera, nedum sol sit existimandus. Non enim iis rebus operam dedit unde prestantes viri maxime dignoscuntur, aut consiliis publicis vel ad populum vel in senatu, aut administrandis provinciis, aut exercitui ductando, aut causis agendis, aut medicine factitande, aut iuri dicundo, aut responsis consultorum, aut scribundis historiis, aut poematibus componendis» ('Pues no se me antoja a mí Aristóteles tan gran ingenio que haya que ponerlo entre los héroes como un Aquiles o un Hércules o como la luna, por no decir el sol, entre los astros. Porque no se dio a los quehaceres que más

en someter, por ejemplo, la filosofía a la *eloquentia:* «omnia autem quae philosophia sibi vendicat nostra sunt»[85]. Poliziano está convencido de que la tarea de los «professores» como él mismo consiste en examinar y dilucidar «omne scriptorum genus», filósofos incluidos, con Aristóteles por delante, pero no cuestiona la entidad de los dominios ajenos, ni quiere otro título que el de *grammaticus,* en el más noble sentido clásico: «Ego me Aristotelis profiteor interpretem..., philosophum non profiteor..., nec aliud inde mihi nomen postulo quam grammatici», 'yo, por mi parte, me proclamo intérprete de Aristóteles..., no me proclamo filósofo..., ni por ello quiero más nombre que el de gramático' (n. 70).

Tras tal actitud está la lúcida conciencia de que los *studia humanitatis* han llegado a un nivel en que no pueden avanzar a través del imperialismo de otros tiempos, ganando terreno a otros saberes, sino a costa de señalarse un marco propio, sacrificando la tentación anexionista. En las disciplinas y, más concretamente, en las facultades que Valla habría querido sujetar a la *eloquentia,* la impronta del humanismo era ya clara a ciertos propósitos, y a otros podía darse por inalcanzable. El mismo volumen de los materiales que los nuevos literatos habían aportado y las perspectivas que gracias a esos materiales se habían abierto hacían diáfano que una sola cabeza, el solo talante del clasicismo, no bastaba para sacar provecho a minas tan copiosas. Pero el sueño del humanismo, por el contrario, había sido precisamente aportar y manipular él mismo los materiales. Con la asepsia filológica de los *Miscellanea,* Po-

que cualesquiera otros revelan a los grandes hombres: intervenir en los asuntos públicos, sea ante el pueblo o en el senado, administrar provincias, conducir un ejército, defender causas, practicar la medicina, hacer justicia, dar dictámenes, escribir historias, componer poesía'). *Repastinatio dialectice et philosophie,* I, pág. 5.

[85] L. Valla, *De voluptate ac vero bono,* en *Opera omnia,* Basilea, 1540, reimpresión al cuidado de E. Garin, Turín, 1962, vol. I, pág. 907.

liziano, el supremo humanista, certifica la desmembración del ideal humanístico del saber.

En todo caso, importa recordar que tal actitud no quita ni un ápice a la pasión literaria también esencial en el humanismo. Si algo amó Angelo Ambrogini tanto como los estudios clásicos fue, sin acepción de lenguas, la poesía. En él, un hilo dorado enlaza los unos y la otra. Entre los versos juveniles, de los tiempos, antes de los veinticinco años, en que era más cortesano que *professor*, leemos un afiligranado *rispetto* en eco que entonaban los músicos en los salones de Venecia:

—Che fa' tu, Ecco, mentre io ti chiamo? —Amo...
—Che fa quello a chi porti amore? —Ah, more...[86]

Pero en los *Miscellanea* (I, 22) nos enteramos de que el artificio de la piececilla depende de un epigrama griego que Poliziano aduce ahí para aclarar un pasaje de Marcial (y dar el sólito palmetazo a Calderini). La poesía latina de esos mismos años tiene una cumbre de elegancia traviesa en la oda que celebra los encantos de una moza:

Puella delicatior
lepusculo et cuniculo...
Nam quae tibi papillulae
stant floridae et protuberant
sororiantes primulum
ceu mala Punica ardua,
quas ore toto presseram
manuque contrectaveram,
quem non amore allexerint...?[87]

---

[86] *Rispetti*, XXXVI, en A. Poliziano, *Rime*, ed. D. Delcorno Branca, Venecia, 1990, pág. 70.

[87] Comentado por Mario Martelli, «La semantica del Poliziano e la *Centuria Secunda* dei *Miscellanea*», *Rinascimento*, XIII (1973), págs. 21-84; el poema entero, en *Poeti latini del Quattrocento*, ed. F. Arnaldi, L. Gualdo Rosa y L. Monti Sabia, Milán-Nápoles, 1964, págs. 1050-1058).

['Eres más tierna, chiquilla,
más grácil que un lebratillo,
más suave que un gazapillo...
Las flores de esa tetilla
y de la otra hermanilla,
firmes, duras a la par,
tal frutos del milgranar,
por mis labios apresadas,
por mis manos apretadas,
¿a quién no iban a prendar?']

Y de nuevo son los *Miscellanea* (II, 25) quienes nos descubren la sapientísima trastienda: al evocar los delicados pechicos, Poliziano tiene tan presentes los atributos de la muchacha como un lugar de Plinio que en la lección vulgata reza *rigentes,* pero que él, de acuerdo con dos códices de mayor autoridad y con el testimonio de Festo («*Sororiare* mammae dicuntur puellarum cum primum tumescunt, ut *fraterculare* puerorum»), corrige impertérrito en *sororientes*...

El *divertimento* del eco y varios rasgos de la oda tuvieron larguísima posteridad, en latín y en vulgar, pero no, claro está, gracias a las muchas sutilezas de esa índole. Son, sin embargo, alardes de erudición tanto o más recóndita los que marcan la norma de la filología polizianesca. Nuestro humanista se mueve con toda deliberación en unas cimas desde las que no tiene ninguna intención de descender a la llanura de los legos, ni siquiera a las colinas de los aficionados. Tampoco le apetece ahondar en cuestiones de principio. En los *Miscellanea* no faltan los momentos combativos, por ejemplo, contra Accursio y los leguleyos medievales que se retuercen «miserabiliter» en torno a un *non* inexistente en el arquetipo de las *Pandectas* (I, 78). O contra los «iuniores theologos», incapaces de salir de las *Sententiae* de Pedro Lombardo, que no se cansan de disputar en qué se distinguen la *sinderesis* y la *conscientia* (II, 7). Poliziano falla inapelablemente que *sinderesis* es voz

91

desconocida en griego y se trata simplemente de la mala lectura de un texto en que San Jerónimo alega la palabra *syneídesis* y, en vez de limitarse al escueto equivalente de 'conciencia', la glosa como 'chispa de la conciencia'. Haberlo demostrado así era una ocasión magnífica para extenderse sobre las implicaciones de fondo de todo el asunto, pero Poliziano descarta expresamente la posibilidad: «Yo no me ocupo de la doctrina en sí. Discútanla a su arbitrio los interesados, mientras a mí me concedan el derecho a vindicar de la barbarie una voz griega, puesto que ellos nunca han saludado las buenas letras, y menos las de Grecia».

«Nam de doctrina ipsa minime equidem laboro...» Poliziano ha acotado resueltamente un espacio propio y, por mucho que a título personal se asome a otros paisajes, institucionalmente, por así decirlo, no quiere cazar en cercado ajeno. Lanzar la enésima arremetida contra Accursio le interesa mucho menos que desacreditar a los colegas de formación más pobre —llámense Calderini o Merula—, dialogar con unos pocos a quienes siente como pares, deslumbrarlos a todos y, antes de nada, vanagloriarse él mismo, «sibi ipsi plaudere», de un texto «optime declaratus» o no desentrañado hasta la fecha, «in hunc usque diem non intellectus»[88]. Lo suyo no era la filología 'aplicada' que habían perseguido los creadores del humanismo: antes bien, «al situar las obras antiguas en su contexto histórico, prescindía de cualquier posible relevancia contemporánea»[89], como quien evita el pecado del anacronismo. Podía permitírselo, porque ahora sí había un largo público preparado para valorar (en todos los sentidos) ese saber especiali-

---

[88] *Apud* V. Fera, *Una ignota «Expositio Suetoni» del Poliziano,* Messina, 1983, pág. 81.

[89] Anthony Grafton, «The Scholarship of Poliziano and Its Context», en su libro *Defenders of the Text. The Traditions of Scholarship in an Age of Science, 1450-1800,* Cambridge, Mass., 1991, págs. 47-75 (73).

zadísimo, y había unos géneros literarios adecuados para comunicarlo.

Los *Miscellanea* ofrecen más de un capítulo sabroso para un lector cultivado, sobre todo por el espectáculo de una inteligencia soberana en plenitud de facultades: no hace falta, así, haber siquiera saludado la ecdótica para apreciar la elegancia de mente con que Poliziano demuestra que el arquetipo de los *Argonautica* contenía páginas de cincuenta versos, revueltas por un «indiligens bibliopola» (II, 2). Pero, desde luego, las novedades que propone, por la mayor parte con razón, son esencialmente para expertos, y de notable categoría: «la valoración de los testimonios manuscritos, seguida, cuando cabía, de un esbozo de historia de la tradición conservada, que le permite ya alguna operación del tipo lachmanniano de la *eliminatio codicum descriptorum*»; «la identificación de los usos lingüísticos ... mediante precisas documentaciones de la época»; la exactitud (y la vanidad por la posición privilegiada que le abre la puerta a tantos manuscritos preciosos) con que se cita cada códice «con el nombre del propietario o de la biblioteca en que se custodia, con la determinación paleográfica de la escritura y del período, con otros particulares externos (mutilaciones, aspecto, contenido), y, a poder ser, con apuntes sobre la tradición en que se inserta»[90], etc., etc.

Son, repito, novedades de subido valor, tanto por los temas cuanto por el método, pero normalmente solo en el plano restringido de la filología clásica, en un plano ya no operante sobre los demás ámbitos de la cultura. Poliziano, por ejemplo, deja más allá de cualquier duda que el autor de la *Eneida* se llamó «*Vergilius, non Virgilius*» (I, 77), o defiende con óptimos argumentos (I, 100) una interpretación todavía perfectamente aceptable de uno de los versos

[90] Vittore Branca, *Polizíano e l'umanesimo della parola*, Turín, 1983, páginas 157-158.

más hermosos y discutidos del poema: «... tacitae per amica silentia lunae» (II, 255). Pero cuando las obras de Virgilio eran universalmente veneradas; cuando todos disponían de las coordenadas primordiales para hacerles justicia histórica y artística; cuando estaban fecundando la nueva literatura con más vigor que nunca, contribuciones tan seguras como esas de Poliziano quedaban necesariamente reducidas a bocado de filólogos. Eran los humanistas quienes habían puesto a Virgilio en el lugar que ocupaba en el crepúsculo del Cuatrocientos, y ese lugar no variaba porque otro humanista probara la inexactitud de una grafía tradicional o diera una mejor exégesis de un hexámetro: Virgilio siguió siendo Virgilio, no *Vergilio* (¿resultará tendencioso preguntarse qué habría ocurrido de ser Petrarca quien hubiera restituido la forma originaria?), y los poetas siguieron recreando 'los silencios amigos de la callada luna', atraídos menos por tal o cual precisa explicación que por la misma fascinante ambigüedad del verso.

En ese sentido, Poliziano supone el punto de llegada teórico, el final de la trayectoria cuyos rasgos más salientes se han cifrado aquí apenas en media docena de nombres: el punto en que las aportaciones fundamentales de los *studia humanitatis* están ya consolidadas en la avenida mayor de la civilización y los humanistas italianos se han ganado el derecho a retirarse a las torres de marfil de la investigación especializada; el punto en que la filología clásica deja de ser el motor principal de la cultura y se convierte para siempre en una técnica auxiliar de la historia y de la crítica literaria, sin influir salvo en una parva medida en el rumbo de otros saberes.

Una última ilustración al respecto podrá proporcionárnosla Ermolao Barbaro, por más de un lado espíritu afín a Poliziano, a ratos émulo, a ratos modelo. El florentino, así, había visto siempre con ciertas reservas las fantasmagorías de Marsilio Ficino («platonica ista ... remota

94

nimis nimisque etiam fortasse ardua»[91]) para recuperar por la senda de la religión y la poesía, pero contra la historia, a un autor tan difícil de asimilar como Platón dentro de los supuestos constitutivos del humanismo. Por el contrario, había ido acercándose a Aristóteles con pasos cada vez más firmes, no solo bajo la guía de Giovanni Pico della Mirandola, sino asimismo a zaga de Ermolao, tenaz admirador de la filosofía del Estagirita: «vera et solida, non umbratilis et fucata»[92], no umbría y artificiosa.

Fue justamente lidiando con las versiones de los libros aristotélicos como Barbaro tuvo que enfrentarse con el doble problema de la identificación y de la nomenclatura latina de los animales y plantas tan pródigamente aducidos en los tratados de historia natural, y la necesidad de encontrarle soluciones lo llevó de la mano a la farmacología de Dioscórides. Desde 1481, la traducción de la *Materia médica* y el *Corollarium* de anotaciones con que la completó lo tuvieron durante un decenio gustosamente ocupado en las lecturas apropiadas a la empresa, pero también lo espolearon a corroborarlas con una modesta medida de atención a la realidad, a algunos de los seres de la naturaleza estudiados por Dioscórides. Una medida tan modesta, en verdad, que apenas rebasó la experiencia doméstica y, cuando más, en el verano de 1484, la «media hora» antes de acostarse que dedicaba a dar un paseo por el jardín o por los alrededores «contemplando las hierbas» y pensando en el trabajo en curso[93]. En cualquier caso, en

---

[91] Poliziano, *Praelectio de dialectica*, en *Opera*, Basilea, 1543, reimpresión al cuidado de Ida Maïer, Turín, 1971, vol. I, pág. 529; y James Hankins, *Plato in the Italian Renaissance*, Leiden, 1991, dos volúmenes.

[92] E. Barbaro, epístola LXI, ed. V. Branca, *Epistolae, orationes et carmina*, Florencia, 1943, vol. I, pág. 78.

[93] «Absolutis his, intra horam fere tertiam et vigesimam, aut in hortum descendo aut ad vicinum mihi confluentem; utroque loco positas contemplamur herbas et Dioscuridem cogitamus... In hoc absumo sesquihoram». *Ibidem*, epístola XLV, pág. 61, comentado por K. M. Reeds, «Renaissance Humanism and Botany», *Annals of Science*, XXXIII (1976), págs. 519-542 (527).

1489, abandonó bruscamente el *Corollarium* y se concentró en aumentar y ordenar los millares de *castigationes* textuales a la *Historia natural* de Plinio que desde años atrás venía reuniendo y que se publicaron, en efecto, con la misma rapidez con que habían cobrado su apariencia final, en 1492-1493, mientras el *Corollarium* solo se estampó, póstumamente, en 1517 (con fecha de 1516, al estilo véneto).

«Por la materia, *Castigationes* y *Corollarium* son libros gemelos»[94]; por la orientación y el significado histórico, profundamente distintos. Animadas por la intención polémica de hacer hincapié en un texto latino de una envergadura sin equivalente en las letras griegas y estimuladas por el ejemplo cercano de los *Miscellanea,* donde llegaba al más refinado extremo la tendencia a dar entidad independiente al examen de los lugares más arduos de los autores antiguos, las *Castigationes* se ciñen estrictamente a la enmienda de los pasajes de Plinio que Barbaro juzga corruptos. Verdadera enciclopedia de ciencias de la naturaleza, el *Corollarium,* en cambio, partiendo de Dioscórides, revisa y concuerda toda la producción botánica y zoológica de Grecia y Roma, pero, además, y todavía con mayor novedad, se preocupa de identificar en el presente los animales y plantas, recurriendo, en particular, a las lenguas vulgares. Ahora bien: si tampoco en las *Castigationes* falta tal preocupación, ahí, sin embargo, queda sofocada por el ascético ejercicio de una crítica exclusivamente textual, que rechaza con toda deliberación la posibilidad de abrirse al género de indagaciones que en el *Corollarium,* por el camino de la lexicografía más que de la experimentación, tanteaban «el nacimiento de un metodo en el campo de las ciencias de la naturaleza»[95].

---

[94] Giovanni Pozzi, ed., *Hermolai Barbari Castigationes Plinianae et in Pomponium Melam,* Padua, 1973-1979, vol. I, pág. XLIII.

[95] G. Pozzi, «Appunti sul *Corollarium* del Barbaro», *Tra latino e volgare. Per Carlo Dionisotti,* Padua, 1974, págs. 619-640 (635).

El súbito abandono del *Corollarium* a beneficio de las *Castigationes* es todo un síntoma: también Ermolao Barbaro atestigua el repliegue hacia la filología exenta que caracteriza (aunque no agote) la fase terminal del humanismo italiano, el corte en la línea de continuidad de hombres y quehaceres que nos llevan a las puertas del Quinientos. La evolución en un sentido es involución en otro: la maestría filológica arrincona el sueño de refundar la civilización, el comienzo de la *Altertumswissenschaft* marca el cese del humanismo en la función de gran animador de toda la cultura. Durante más de un siglo, los *studia humanitatis* habían desempeñado el papel preponderante que en otras épocas ha correspondido a otras artes o a otras ciencias: proporcionar no solo materiales, sino, más aun, paradigmas y sugerencias a los demás saberes, apuntarles problemas, métodos y metas. Como mera filología, les quedaba no poco que decir. Pero ya no la consigna rectora, el *mot d'ordre*.

Ermolao Barbaro murió en 1493, Poliziano en 1494. Veinte años después, Romolo Amaseo —cuyo padre, Gregorio, siempre convencido (falsamente) de ser «de primi del mondo», juraba que ni por mil ducados se haría «maistro de scola» y esperaba ganar más como «famoso professor de humanità» que «el primo advocato che sia stato da nostro recordo in Friuli»— informaba a su progenitor de que «en Roma la primera clase, que en el presente tiene [Giovanni Battista] Pio, no pasa de doscientos ducados mal pagados, y lo mismo entiendo que ocurre en Venecia. En Milán, Pavía, Ferrara, se acaban todas las clases de humanidades, de modo que hombres de mérito han de mendigar ocupaciones bajísimas, como Giano Parrasio, que tiene escuela en Calabria, Giacomo della Croce en Luca, y aquí en Bolonia enseñamos cinco o seis por doscientos ducados, que todos juntos no pagaríamos a un aceptable dómine». Giovanni Pozzi ha esbozado magistralmente algunas de las causas de tal situación: «desaparecen primero los mejores, como en un solo golpe y en la flor de la edad; se dispersan luego los maestros más valiosos bajo el aguijón de las guerras y el resquebrajamiento de las fuerzas económicas»[96]. Tiene toda la razón, naturalmente. Pero quizá no sea disparatado pensar que una parte de la culpa debe atribuirse también al desconcierto de la sociedad y de los propios interesados ante el reajuste que se producía en el seno mismo de los *studia humanitatis,* con el nuevo reparto de tareas e intereses entre 'maistri de scola', 'professori de humanità' y de otras disciplinas, y con «un público de gentilhombres cultos, no profesionales de la cultura»[97], es decir, con los hijos de los poderosos que, tras pasar por todas las exigencias de la pedagogía humanística, desbordan con mucho el ligero diletantismo de sus padres pero no pretenden competir en erudición con sus preceptores.

Por cuanto atañe a la dirección aquí bosquejada a cuenta de Poliziano y Barbaro, insistamos en que los humanistas se habían ganado el derecho a la torre de marfil de la mera filología clásica. Habían sido ellos quienes hicieron arrancar todo el proceso. Dioscórides, por no alejarnos de nuestro último caso, no era desconocido en la Edad Media, pero solo tenía una vida exigua, en los arrabales de la filosofía natural. Fueron los humanistas quienes lo pusieron sobre la mesa y subrayaron su centralidad hasta convertirlo en eje de una ciencia olvidada desde los tiempos antiguos: porque la botánica, ahora bautizada *res herbaria,* entró en las facultades de medicina y se constituyó como una de las disciplinas básicas de la nueva episteme ni más ni menos que a través del tratado de Dioscórides.

El rescate de la *Materia medica,* la posibilidad de leer el

---

[96] G. Pozzi, «Da Padova a Firenze nel 1493», *Italia medioevale e umanistica.* IX (1966), págs. 191-227 (225), con los textos de Gregorio y Romolo Amaseo.

[97] Carlo Dionisotti, prólogo a *Aldo Manuzio editore,* al cuidado de Giovanni Orlandi, Milán, 1975, vol. I, pág. XLI.

original y apropiarse gran parte de su doctrina suponían, sin más, un avance inmediatamente tangible del conocimiento, y eran mérito innegable del humanismo. En tales circunstancias, no obstante, supuestas las herramientas que el propio humanismo había suministrado al común de los letrados, seguir explotando la mina de Dioscórides implicaba tomar otro camino que la alta filología. Desde luego, la depuración y la exégesis textual no dejaban de ser valiosas, pero la empresa del porvenir era otra: se trataba de comprobar y prolongar las investigaciones del Anazarbeo, reconocer las plantas descritas por él, distinguir nuevas especies, clasificarlas todas... Para arrancarle los frutos que esperaban los humanistas de otro tiempo, Dióscorides tenía que salir de las manos por lo demás sapientísimas de Ermolao y caer en otras algo menos doctas y más curtidas entre hierbajos, mejor dispuestas para el dibujo, más hechas a saludar a campesinos y pastores. Como eran las de Conrad Gesner, Andrés Laguna, Valerio Cordo... El *Corollarium,* que daba en ese sentido pasos certeros, aunque, claro está, no suficientes, fue sacrificado en el altar de unas *Castigationes* filológicamente más exquisitas y quedó inédito hasta que Battista Egnazio y los familiares de Barbaro lo imprimieron en 1517. El prólogo de Egnazio no permite dudas sobre el porqué de la tardía estampa. Jean Ruel, decano de la facultad de medicina de París y en breve autor de los monumentales libros *De natura stirpium,* acababa de publicar una excelente traducción de la *Materia médica,* con notables complementos; y la escuela italiana, amén de la prioridad, pretendía reivindicar la primacía de la versión de Barbaro en gracia a dos razones: «una valoración más ponderada del texto griego, debida a la riqueza de los manuscritos consultados, y un latín superior por obra del léxico, rigurosamente conforme al uso de los clásicos» (n. 95). Por ahí, Egnazio no se engañaba: se engañaba al ignorar que a esa altura los tiros no iban ya por ahí, ni para Dioscórides ni para tantos más. Porque la traducción de Ruel, copiosamente reimpresa, fue la que Pietro Andrea Mattioli puso en italiano en 1544, tras un largo esfuerzo por hallar las correspondencias romances, y luego, en 1554, editó con amplias notas y generosos grabados, para mantenerla en el mercado durante largos años, siempre acrecida con nuevas informaciones e imágenes, y difundirla por decenas de miles de ejemplares. El *Corollarium* pertenecía ya al pasado y a los anales domésticos de la filología clásica.

VIII

En 1522, en un arrebato de entusiasmo, un oscuro maestro flamenco, Bacusio, le escribía a Erasmo que gracias a los *Colloquia* la juventud de Brujas pronto iba a ser más docta que ninguna, para satisfacción de las gentes cultas y estímulo de sus mismos padres. Un par de años después, al dedicarle una nueva edición a Frobenio «puero», el propio autor se mostraba no menos seguro de que el libro había ya vuelto a muchos no solo más diestros en latín, sino también personalmente mejores, «et latiniores reddiderit et meliores»[98]. Creeríamos estar oyendo, por ejemplo, las palabras de Guarino exactamente un siglo antes, en 1422, cuando ponderaba los beneficios que un curso sobre Cicerón debía reportar a los estudiantes y a todos los ciudadanos de Verona (arriba, pág. 44). Vale la pena notar la coincidencia, en sí trivial, en tanto indicio de que los ardorosos lemas del humanismo temprano sonaban ahora principalmente fuera de Italia y con una pasión que allí se había templado decenios atrás.

Es comprensible que fueran los 'bárbaros' quienes a

[98] *Opus epistolarum Des. Erasmi Roterodami*, ed. P. S. Allen *et al.*, Oxford, 1906-1958, vol. V, núm. 1286, pág. 68 («Quod ad me attinet, futurum confido ut Brugana pubes tuis e *Colloquis* longe evadat doctissima, id perdocta quo et literatis sit volupe et parentum in literas inflammet animos»), y núm. 1476, pág. 510.

esas alturas alimentaban más fervorosamente la ilusión de que los *studia humanitatis* venían a alumbrar un mundo nuevo igual en el ámbito de las letras que en los demás aspectos de la vida. No pocos de los recién convertidos alcanzaron las cotas más altas de la erudición, pero ni siquiera ellos podían contentarse con la filología caprichosa y recóndita de un Poliziano: *in partibus infidelium,* en unas tierras de misión, como todavía eran las suyas, las virtudes redentoras del humanismo se hacían sentir con más claridad, por contraste, y urgían a luchar con más vigor y con más confianza por objetivos también más amplios. Por otro lado, si los neófitos se hubieran encerrado en el exquisito clasicismo de los últimos grandes modelos italianos, habrían resultado unos personajes abstrusos y marginales: si querían ganar la consideración y el prestigio que estimaban de estricta justicia, les era preciso mostrar y demostrar que las artes y los criterios que profesaban tenían un alcance harto mayor que el puramente literario. El designio equivalía a rescatar el espíritu de los padres fundadores, como Guarino, pero beneficiándose de todas las conquistas posteriores, hasta Poliziano: las refinadas armas de 1500 se esgrimían bajo las divisas heroicas de 1400, y las experiencias acumuladas en Italia durante más de un siglo se liberaban fuera a corto plazo con la potencia extraordinaria de la energía comprimida.

Un soberbio «triunvirato» (la palabra la usaba ya un admirador en 1519) dice el esplendor inigualado de ese postrer florecimiento del humanismo: Guillaume Budé, Desiderio Erasmo y Juan Luis Vives[99]. Con temporadas de tirantez y hasta de ruptura, y siempre quizá con menos cariño que admiración, respeto o temor, los tres son ami-

---

[99] Guillaume Budé, *Epistolae,* París, 1520, fol. 37 (a Claude Chansonette): «Verum enim vero quod in triumviratu constituendae rei Pandectariae honorificam mei rationem habuisti, fecisti tu quidem pro ingenita tibi humanitate...», comentado por Donald R. Kelley, *Foundations of Modern Historical Scholarship. Language, Law, and History in the French Renaissance,* Nueva York, 1970, pág. 57.

gos y forman el núcleo de la *élite* que más renovadoramente ejerce el poder intelectual en Europa. En los tres germinan semillas que Italia había sembrado en Francia, los Países Bajos, España, pero ninguno es el fruto normal del estado de las letras en su patria: han tenido que hacerse a sí mismos buscando libros y preceptores más allá de las fronteras y las tradiciones locales, creen en el cosmopolitismo de la inteligencia, y los tres, incluso el único *chauvin,* Budé, se dirigen en primer término a un público internacional, extendido sobre todo al Norte de los Alpes, de la Inglaterra de Tomás Moro a la Germania de Philipp Melanchthon. Los destinatarios más significativos de su trabajo tienden a encontrarse en posiciones privilegiadas, en las universidades, en las cortes, pero incluyen también un largo número de burgueses ilustrados (y, en general, una creciente presencia de los laicos, como lo son el francés y el español). Junto a ellos, cuentan con un ejército de incondicionales menudos, clérigos con inquietudes y, en especial, maestros de escuela, como Bacusio, que se sienten dignificados por militar en las filas de hombres tan eminentes, compran los libros que sus ídolos han planeado con los grandes editores con quienes colaboran y leen las cartas que los miembros selectos del grupo se escriben con la intención de publicarlas. Grandes y pequeños comparten un sentimiento de clan que convierte a los enemigos de cualquiera de ellos en enemigos de la causa: los *studia humanitatis,* con el griego en el lugar de honor que ya había conseguido en Italia, y a menudo con la adición del hebreo. Al principio, hasta el caso de Lutero se contempló con esa óptica; y mientras las aguas del tal caso no se salieron de madre, muchos tuvieron la impresión de estar en vísperas de una nueva edad de oro[100].

---

[100] «Libet ... gratulari ... saeculo huic nostro, quod prorsus aureum fore spes est, si quod unquam fuit aureum, ut in quo tuis felicissimis auspiciis tuisque sanctissimis consiliis tria quaedam precipua generis humani bona restitutum iri videam: pietatem illam vere Christianam multis modis collapsam; optimas lite-

A todos los alienta una fe despiertamente crítica en las múltiples capacidades de la *eloquentia,* y todos aceptan en sustancia el grandioso diseño que Juan Luis Vives desarrolla en el *De disciplinis* (1531): el camino del conocimiento es un ir y venir entre *verba, res* y *mores,* entre lenguaje, realidad y formas de vida; cuando se corrompe uno de los eslabones de la cadena, como durante siglos y siglos ha sucedido en particular con las palabras, los otros se corrompen también, de suerte que tampoco es posible sanar uno solo sin atender a la vez a los demás, en el horizonte de una civilización de veras humana. El acento, pues, se marca obsesivamente en la praxis, en las consecuencias efectivas del saber. Valla había explicado que el significado del lenguaje reside en el uso; ahora se está cerca de creer que la verdad está en la utilidad, y, en esa dirección, Vives, por ejemplo, abre el paso a la psicología moderna afirmando que importa poco inquirir qué es el alma: lo importante es averiguar cómo es, cuáles son sus obras. Ni siquiera el dominio del latín y del griego merece la pena «si no se le saca partido»[101]. Ninguna otra etapa del humanismo se había mostrado tan diligente en poner objeciones, censurar, corregir y aun descartar a tantos autores an-

ras, partim neglectas hactenus, partim corruptas, et publicam ac perpetuam orbis Christiani concordiam, pietatis et eruditionis fontem parentemque» ('Felicitemos a nuestro siglo, que será, confío, un siglo de oro, si jamás lo hubo, porque en él, bajo tus dichosos auspicios y con tus santos consejos, he de ver restablecidos los tres bienes principales del género humano: esa piedad verdaderamente cristiana que de tantos modos declinó; las buenas letras, en parte descuidadas hasta la fecha, en parte corrompidas, y la concordia pública y perpetua del orbe cristiano, fuente y madre de la piedad y del saber...') *Opus epistolarum,* II, núm. 566 (abril de 1517, al Papa León X), págs. 527-528.

[101] «Anima quid sit nihil interest nostra scire; qualis autem et quae eius opera, permultum», *De anima et vita,* I, xii, en *J. L. Vivis, Valentini, Opera omnia,* ed. G. Mayans y Siscar, Valencia, 1782-1790, vol. III, pág. 332; «sed meminerint homines studiosi, si nihil adiecerint linguis, ad fores tantum pervenisse eos artium, et ante illas, aut certe in vestibulo versari, nec plus esse Latine ac Graece scire quam Gallice et Hispanice, uso dempto...», *De disciplinis,* II, iv, 1, según la misma edición, VI, pág. 345.

tiguos. Que los clásicos sean los mejores guías a un renacimiento y una renovación, como de la *philologia* escribe
Budé, no significa que sean los únicos o tengan patente de
acierto, ni que deban estudiarse por sí mismos: la *philologia*
ha de conducir a una más alta *philotheoria*[102].

De ahí que las aportaciones de nuestros 'triunviros' a
la exploración de la Antigüedad combinen sin rubor la so-
lidez objetiva de los materiales con la libertad subjetiva y
aun tendenciosa en la interpretación, el rigor arqueológico con las continuas miradas a la actualidad. Desde luego,
en el espléndido y manierista desorden del *De asse* (1515),
hay sitio para designios políticos, fantasías nacionalistas,
polémicas galicanas, frustaciones y esperanzas personales,
peticiones de favor para las *bonae litterae* y, en suma, todo
cuanto a Budé se le pasa por la cabeza. Pero un hilo de
Ariadna vincula con singular pertinencia el asunto central de la obra, la deslumbrante investigación de las monedas de Roma y Grecia, a una copiosa serie de disquisicio-
nes de tema contemporáneo. Porque la escrupulosa determinación del peso del as, el sestercio o el denario no solo
tiene por fondo una imagen dilatadísima, como nunca antes se había tenido, de las bases económicas del imperio
romano, sino que halla su razón de ser última en la comprensión del presente: la devaluación o reducción de ley
en el vellón francés, los impuestos desmesurados a que
obligaba la contratación de ejércitos mercenarios, la usu-
ra, los límites de la propiedad privada... Un punto de en-
garce sintomático de las incontables hebras del *De asse*
bien podría ponerse en el brillante método de comparación que le permite a Budé calcular los precios antiguos
en moneda de sus días, trátese de una hogaza de pan, un
caballo célebre, la dote de la hija de Escipión o los ingre-

---

[102] «... nostra utique Philologia..., olim ornatrix..., hodie instauratrix inter-
polatrixque ... merito existimatur...», G. Budé, *De philologia*, Basilea, 1533,
pág. 217; sobre la *philotheoria*, D. R. Kelley, *Foundations of Modern Historical
Scholarship*, págs. 61 sigs.

sos de un estudioso de antaño, notablemente superiores
—esperábamos la observación— a los del autor y sus
amigos.

Ninguna generación de humanistas había alcanzado
antes una visión tan rica de los problemas de su tiempo,
ni, claro está, con tan amplia perspectiva europea. La
preocupación social y política le venía al humanismo de
las circunstancias en que nació, de sus raíces en la retórica, del modelo supremo de Cicerón. Fuera de Italia, en los
primeros decenios del siglo XVI, guardaba además todo el
aroma de las cosas recientes, y no sorprende que esa fra-
gancia potenciara su tradicional vocación cívica e inclina-
ra a recibirlo como el programa intelectual más adecuado
para entender y orientar las realidades asimismo recientes
o en trance de mutación. La causa de las letras se fundió
mil veces con la toma de partido ante los acontecimientos
que estaban transformando el continente, encauzó la conciencia de la crisis, la respuesta a los conflictos, los deseos
de reforma. Con más fuerza que nunca, los *studia humanitatis* fueron a principios del Quinientos la cultura nueva de
una nueva época.

No es necesario encontrarlos siempre editando o co-
mentando a los clásicos para reconocer a los humanistas
de entonces: lo son con plenitud, y no simplemente por el
estilo, incluso cuando un incauto los tomaría por perio-
distas. El paisaje en que se mueven abarca al par la Antigüedad y la actualidad. Epigramáticamente nos lo sugiere
Erasmo, cuando pide noticias sobre si el Papa se prepara
para la guerra: «me muero de ganas de saber si Julio representa en verdad el papel de Julio»[103]. Julio II y Julio César,
si no las dos caras de la misma moneda, son los dos polos
de un mismo universo. Como Erasmo, Guillaume Budé,
Juan Luis Vives y tantos otros partícipes en la empresa de

---

[103] «Nam magnopere velim audire num vere Iulium agat Iulius...», *Opus epistolarum,* I, núm. 262, pág. 513.

aclimatar el legado italiano al otro lado de los Alpes, vivieron o contemplaron desde miradores privilegiados no pocas de las grandes cuestiones de la época: el nuevo equilibrio de poderes en Europa, el desasosiego del cristianismo, las consecuencias de la expansión económica... Sobre todas tuvieron una o muchas palabras que decir, y precisamente en tanto abanderados de los *studia humanitatis,* porque se sentían comprometidos a testimoniar que la herencia espiritual que administraban tenía más soluciones o más propuestas de las que comúnmente sospechaban sus paisanos.

Era así, en efecto. El despliegue de citas y reminiscencias clásicas que distingue inmediatamente a los humanistas puede antojársenos hoy rutina, falta de originalidad, mera contraseña superficial, y puede haberlo sido en los menos inteligentes. Pero en los más dotados, aun cuando no llegaran a la talla de un Alberti, la perpetua referencia al mundo antiguo era fundamentalmente un sistema de análisis y crítica (arriba, págs. 67-68). El *De copia* erasmiano daba por supuesto que cualquiera que aspirara a ser considerado un auténtico erudito debía haber leído por lo menos una vez en la vida a todos los clásicos, de todos los géneros, extractando y anotando cuantos elementos de interés fueran ofreciéndosele[104]. No se trataba, en absoluto, de invitar a la repetición inerte y al ornamento *prêt-à-porter.* Al contrario: era una instigación a perfilar las opiniones propias confrontándolas con las ajenas, a examinar cada tema desde los más varios ángulos y a obtener conclusiones, no sustituyendo el punto de vista personal por el de tal o cual autoridad, sino tomándolos todos en cuenta y matizando los unos con los otros. Pocas veces esa *ars com-*

---

[104] «Ergo qui destinavit per omne genus auctorum lectione grassari (nam id omnino semel in vita faciendum ei qui velit inter eruditos haberi) prius sibi quam plurimos comparabit locos»; *De copia,* en *D. Erasmi Roterodami Opera...,* Leyden, 1703-1706, vol. I, pág. 100.

binatoria de las ideas perfeccionada por el humanismo produjo resultados más vivos que en Budé, Erasmo y Vives.

El nombre mayor, en sus días como en los nuestros, es sin duda Erasmo de Rotterdam. Si hubiera que señalar cuál de sus inagotables facetas le da primordialmente tal relevancia en la Europa de entonces, creo que nadie se fijaría ya en el consejero de Carlos V ni en el interlocutor de Lutero: presente como con frecuencia le tuvieron los protagonistas de las grandes decisiones, en los asuntos más importantes, el holandés quizá nunca llegó a ejercer una influencia determinante en el curso de la historia contemporánea. Eran los tiempos demasiado recios para prestar oídos a un voz que insistía machaconamente en que la Cristiandad solo lograría la paz «reduciendo al mínimo las definiciones y dejando a cada cual libertad de juicio acerca de numerosos puntos»[105]: las razones que nos lo acercan hoy son las mismas que ayer le restaron incidencia de hecho. Por otra parte, quien examina su pensamiento y rastrea las huellas que dejó, pocas veces puede decir 'la idea es de Erasmo', sin precisar en seguida 'pero ya Orígenes (o San Jerónimo o Tomás de Aquino o Lorenzo Valla) había escrito otro tanto', ...y sin añadir todavía: 'no obstante, en ese momento, en ese autor, la idea es de Erasmo, la impone Erasmo'. El eclecticismo, la amplitud de miras y la plasticidad o, si se prefiere, la ambigüedad de sus posiciones podían darle menos una escuela que una legión de admiradores movilizada por el ejemplo personal. Esta ciertamente la tuvo, pero, por lo mismo que estrechamente asociada a su imagen humana y a sus actitudes ante unas

---

[105] «Summa nostrae religionis pax est et unanimitas. Ea vix constare poterit, nisi de quam potest paucissimis definiamus, et in multis liberum relinquamus suum cuique iudicium»; *Opus epistolarum*, V, núm. 1334, pág. 177, comentado por Marcel Bataillon, *Erasme et l'Espagne*, nueva edición, al cuidado de D. Devoto y Ch. Amiel, Ginebra, 1991, vol. III, pág. 167 (y en *Erasmo y el erasmismo*, Barcelona, 1978, pág. 26).

circunstancias irrepetibles, fue efímera y doctrinalmente inestable. La fortuna italiana de su espiritualidad ha podido escribirse sin emplear jamás la categoría de 'erasmismo'; y la posteridad recuperó muchas actitudes de Erasmo, pero solo por excepción en tanto erasmianas[106].

No, el Erasmo de impronta más profunda, ancha y duradera no está en el personaje público, ni siquiera en el pensador, sino en el profesor de humanidades. El suyo fue siempre un talante de pedagogo más que de erudito, más preocupado por aprender cosas útiles para enseñárselas a los demás que por descubrir verdades nuevas de aplicación incierta. Tanto las estrellas (n. 70) como los enemigos del humanismo desdeñaban las «menudencias de gramático»: Erasmo las asumió con orgullo y reservó los libros «ad institutionem studiorum» para el volumen primero de sus *Opera omnia*[107]. Valla, he insinuado arriba, no podía ver con ojos excesivamente favorables que Niccolò Perotti trabajara en unos *Rudimenta grammatices*: Erasmo tuvo la inteligencia generosa y humilde de componer todos los manuales que los máximos humanistas no se habían dignado escribir. A la tarea lo animaba, para empezar (pero de ningún modo para quedarse ahí), una fe por encima de reparos en que el latín podía mantenerse en diálogo siempre ágil con el mundo contemporáneo, asimilándose igual que una lengua vernácula, sin necesidad siquiera de enmarañarse en reglas ni preceptos, sino gracias a la familiaridad con los buenos autores, empapándose en los modismos, los adagios y las peculiaridades irreductibles a la lógica, en un aprendizaje que no debiera distinguirse del

[106] S. Seidel Menchi, *Erasmo in Italia (1520-1580)*, Turín, 1990², pág. 16; B. Mansfield, *Phoenix of his Age. Interpretations of Erasmus 1550-1750* y *Man of his Own. Interpretations of Erasmus c1750-1920*, Toronto, 1979 y 1992.

[107] *Opus epistolarum*, II, núm. 456, pág. 77 («Sed indignum se iudicant ad istas grammaticorum minutias descendere; sic enim vocare solent eos qui bonas didicere literas, atrox esse convicium existimantes grammatici cognomen...»), y I, núm. I, pág. 9.

juego, la lectura por placer y la experiencia cotidiana.

La mejor expresión y la virtud más notoria de ese latín que quería tan perfecta y universalmente vivo es probable que se hallen en la *copia,* según no sería ilegítimo decir que Erasmo la inventó. Como ejercicio didáctico, el punto de partida de la *copia,* la *copia verborum,* consistía en tomar una frase digna de imitación e ir variándola con sinónimos, metáforas, figuras de dicción, no por vano empeño de repetir lo mismo de distintos modos, sino, por el contrario, para apreciar la singularidad de cada formulación. Luego, la *copia rerum* llevaba a analizar un asunto considerándolo sucesivamente de acuerdo con sus varios elementos y cualidades, insertándolo en un proceso más amplio, cotejándolo con los testimonios de la historia y de la literatura, el parecer de los diversos autores y las opiniones comunes al propósito, para enriquecerlo, en suma, con una multiplicidad de perspectivas. Al margen de las rutinas escolares, la *copia* erasmiana contribuyó poderosamente a fecundar las letras del Renacimiento (bastaría decir que tuvo un papel de primer orden en la génesis del ensayo, y no solo en Montaigne), porque no era un simple artificio retórico, sino un auténtico método de comprensión y razonamiento enderezado a lograr tanto una fluidez de palabra que permitiera descubrir nuevos aspectos de las cosas como una percepción más completa que se resolviera en un manejo más fácil de la lengua.

Decía que Erasmo compuso *todos* los manuales que la época necesitaba: la exageración era mínima, porque apenas hay etapa o grado en el tirocinio de los *studia humanitatis* para el que no brindara el título adecuado. No cabe regatearle tino ni entusiasmo, pero tampoco don de la oportunidad. De los Alpes para arriba, había habido un tiempo en que la expansión del humanismo en la sociedad dependía principalmente de los prosélitos que consiguiera entre las clases altas y en que los apóstoles de la causa, a gusto o a disgusto, tenían que doblarse en hombres de palacio.

Como todavía el propio Erasmo al llegar a Inglaterra en 1499, cuando había que verlo vuelto «poco menos que todo un cazador, no el peor de los jinetes, cortesano no mal avezado, haciendo reverencias con garbo, sonriendo con gentileza», entre «ninfas de rostro tan divino, tan dulces, tan desenvueltas, que estarías en un tris de preferirlas a las musas»[108]. En ese estadio, era más productivo, en cualquier sentido, buscarse un buen patrón que preparar un buen manual. Unos decenios después, una plaza de preceptor en una casa ilustre seguía siendo una excelente colocación (y un preceptor italiano seguía siendo un signo de distinción tan conspicuo como una institutriz francesa o alemana en torno al 1900), pero, bien asentado en las cumbres del poder, el humanismo avanzaba ahora por la cantidad más que por la calidad de los neófitos: y el avance suponía una sustanciosa ampliación del mercado del libro y, por ahí, brindaba al experto nuevas salidas profesionales. Durante media vida, Aldo Manuzio fue un oscuro profesor en cortes de segunda fila: en unos años, luego, se convirtió en el más insigne de los editores europeos.

El mercado, en efecto, pedía sobre todo textos y manuales. Textos, por ejemplo, como los tomitos de bolsillo de Manuzio, «libelli forma enchiridii»[109], para un número creciente de caballeros y, cada vez más, de damas que se habían formado en las humanidades y, dejadas atrás las aulas, querían seguir leyendo a los clásicos sin fárragos de especialista, pero asimismo para el público de la escuela, donde la ocupación del maestro consistía precisamente en suplir la falta de notas en los ejemplares de los alumnos. Manuales, como la gramática latina del propio Aldo, que

[108] «Erasmus ille quem nosti iam bonus propemodum venator est, eques non pessimus, aulicus non imperitus, salutat paulo blandius, arridet comius... Sunt hic nymphae divinis vultibus, blandae, faciles, et quas tuis camoenis facile anteponas»; *Opus epistolarum,* I, núm. 103, págs. 238-239.

[109] Tercer catálogo de las ediciones aldinas, 1513, pág. 5; facsímil en *Aldo Manuzio editore* (n. 97), lámina XVIII.

sin ser ningún *best seller* superó la docena de impresiones entre 1501 y 1568, o, sin duda, como los «exercitamenta grammatices» que él mismo había pergeñado también en la época gris de la enseñanza en provincias: obritas, en cualquier caso, de donde los docentes y los discentes debían extraer solo unas cuantas noticias esenciales, «compendia quaedam brevissima», para pasar en seguida a los grandes escritores[110].

Erasmo firmó o avaló con un prólogo multitud de textos, griegos y latinos, cristianos y paganos, y pavimentó con manuales el noviciado entero de los *studia humanitatis*. Equipado con los mejores conocimientos técnicos que entonces se poseían, dotado de una admirable sagacidad para dilucidar cómo se origina el error en la transmisión manuscrita, no puede echársele en cara que la práctica no se atuviera rigurosamente a la teoría[111] y que junto a algunas ediciones excelentes (en especial de Padres de la Iglesia) haya entre las suyas bastantes medianas y hasta malas. Nos consta que si quería conservar la independencia que le era vital no tenía otro remedio que vivir de la pluma, a menudo a remolque de los editores, no siempre de la talla de Aldo en Venecia, Frobenio en Basilea o Badio en París, ni siempre a la altura de sí mismos. Pero la justificación biográfica solo nos concierne aquí en cuanto indicio de que la crítica textual había alcanzado para esas fechas un nivel y una densidad que exigían la dedicación total: la más alta filología no era ya materialmente compatible con una actividad plural como la de Erasmo. Había llegado la hora de los especialistas: tocaba a su fin el sueño del humanismo.

---

[110] Prólogo a las *Institutiones grammaticae* de 1493, en *Aldo Manuzio editore*, pág. 165; y *Aldi Pii Manutii Institutionum grammaticarum libri quatuor*, Venecia, 1514, fol. a iii.

[111] J. D'Amico, *Theory and Practice in Renaissance Textual Criticism. Beatus Rhenanus Between Conjecture and History*, Berkeley, 1988, pág. 36.

Nadie, en cambio, hizo sombra a Erasmo como autor de manuales —muchas veces, refundiciones de trabajos acometidos cuando se ganaba el pan con las clases particulares—, porque nadie podía ofrecer un nombre más prestigioso, mayor talento pedagógico ni una gama de productos tan completa y orgánica en la coyuntura en que más se necesitaba. No es posible ahora entrar en detalles, pero los datos apuntados debieran bastar como síntoma: con la obra didáctica de Erasmo, en tanto supremo representante de un estado de cosas, se diría que el humanismo cristaliza al cabo en una bibliografía básica, queda objetivado en una lista de *required readings* con entidad propia. Los *studia humanitatis* estaban ahí, bien al alcance, y quien no quisiera más podía contentarse con la versión 'blanda' que ahí recibían, considerarse provisto de la educación adecuada y atender a sus asuntos. El programa escolar de los humanistas consiente ahora ser usado como autónomo, comienza a llevar vida propia, a costa de perder la parte del león de su voracidad inicial. Es la ambigua victoria a largo plazo, la «uncertain glory» del humanismo: dejar de ser el motor de una civilización para convertirse en la columna de una 'cultura general'.

Erasmo, desde luego, estaba lejísimos de pensar así: no podía saber que los cantos de batalla que entonaba, y aun los cantos triunfales (n. 100), eran también un canto de cisne. Él, en todo caso, luchó con entusiasmo y excepcional eficacia por que fuera de otro modo. Por eso, al señalarlos, hay que andarse con ojo de no abultar los condicionamientos y móviles económicos al fondo de los manuales que lo constituyeron en maestro de latín de Europa. Trabajaba en ellos menos por conveniencia que por la misma convicción que alienta en sus obras mayores, con unos y con otras perseguía los mismos objetivos. Hasta el extremo de que la parábola erasmiana, tanto en el sentido global de la trayectoria cuanto en el contenido de cada etapa, podría seguirse sin atender más que a los manuales, incluso si olvidáramos que también lo son los *Adagios* y los *Coloquios*.

Empieza esa parábola, hacia 1489, con un modesto epítome de las *Elegantiae* por orden alfabético, donde no dejará de colarse, entre no pocas análogas, una alusión a los abusos, gramaticales y religiosos, a que *indulgere* da pie[112]. Termina, cuando cismas y guerras habían probado cruelmente los riesgos de echar leña al fuego de las indulgencias, en 1535, con el último libro que vio publicado, un año antes de morir: el *Eclesiastes, sive de arte concionandi,* un método para predicadores, o, si se quiere, una retórica clásica puesta en el marco de la sociedad contemporánea, al servicio de la palabra de Dios y, también con obsesiva testarudez, de la paz entre los hombres. Entre ambos jalones, el holandés no cesó de proclamar en las diez mil maneras ilustradas por el *De copia* (1512) que precisamente ese, el suyo, era el camino justo: llegar a la *pietas* de mano de las *litterae,* «cum elegantia literarum pietatis christianae sinceritatem copulare», «ut cum bonis literis floreat sincera pietas»[113], y así hasta el infinito.

Sorprende que un excelente indagador de la filología del humanismo haya podido poner en duda la efectividad del maridaje erasmiano entre *bonae* y *sacrae litterae,* preguntándose «qué papel de hecho desempeña el minucioso aprendizaje de la elocuencia en la instrucción espiritual del 'caballero de Cristo'», para acabar negando que exista un ligamen auténtico «entre los influyentes manuales de elocuencia latina y metasistema ninguno de moral o devoción»[114]. Pero, en primer término, valdrá la pena llamar a las cosas por su nombre y, mejor que de «any moral or de-

---

[112] Jacques Chomarat, *Grammaire et rhétorique chez Erasme,* París, 1981, pág. 251.

[113] *Opus epistolarum,* V, núm. 1522, pág. 591, etc.

[114] A. Grafton y L. Jardine, *From Humanism to the Humanities* (n. 23), páginas 138-139.

votional meta-system», hablar llanamente de teología, teología cristiana a comienzos del siglo XVI. El itinerario de Erasmo culmina precisamente en la teología[115]. Por entonces, sin embargo, teología no era cualquier lenguaje en torno a Dios. En 1495, cuando el joven Erasmo pasea la Sorbona, ni siquiera John Mair, compañero suyo en el colegio de Monteagudo, ha concebido todavía la noción de una «teología positiva» de diversa orientación[116]. «Teología» es única y exclusivamente la teología escolástica, entronizada en la cumbre de las facultades universitarias, con un estricto currículum que desde los *Libri sententiarum* de Pedro Lombardo, imperativos, sigue por una de las tres vías de Tomás, Escoto o los nominales. Teólogo es solo quien sabe disputar «con alarde de definiciones magistrales, conclusiones, corolarios, proposiciones explícitas e implícitas», *quaestiones* del tenor de «si hay un instante en la generación divina, si hay en Cristo varias filiaciones, si es posible la proposición 'Dios Padre odia al Hijo', si habría podido Dios tomar forma de mujer, o de diablo, o de asno, o de calabaza, o de piedra, y si una calabaza hubiera podido predicar, obrar milagros, ser clavada en la cruz, y qué habría consagrado Pedro, de hacerlo mientras el cuerpo de Jesús colgaba en la cruz», etc., etc. [117]. El *Elogio de la locura* aprieta en unas líneas disparates de diferentes infolios, cuadernos y aulas, pero no los inventa. Con menos sarcasmo, le hubiera bastado notar que la teología oficial de la

[115] Cornelis Augustijn, *Erasmus von Rotterdam. Leben, Werk, Wirkung,* Munich, 1986; traducción española de O. Pellisa, revisada por Carlos Gilly, Barcelona, 1990.

[116] Ricardo G. Villoslada, *La universidad de París durante los estudios de Francisco de Vitoria O. P. (1507-1522),* Roma, 1938, pág. 155.

[117] «Num quod instans in generatione divina? Num plures in Christo filiationes? Num possibilis propositio 'Pater Deus odit Filium'? Num Deus potuerit suppositare mulierem, num diabolum, num asinum, num cucurbitam, num silicem? Tum quemadmodum cucurbita fuerit concionatura, editura miracula, figenda cruci? Et quid consecrasset Petrus, si consecrasset eo tempore quo Christi pendebat in cruce?» *Stultitiae laus,* ed. C. H. Miller, en *Opera omnia,* Amsterdam, 1969 y sigs., vol. IV: iii (1979), págs. 146-148.

época, especulativa por principio, estaba taxativamente prohibida a los laicos y los especialistas la preservaban con el máximo celo de ser comprensible al común de los mortales (n. 4).

Quede claro que la conjunción erasmiana de *pietas* y *litterae* no se proponía simplemente volver más presentable, dándole un barniz de elegancia a la antigua, la sola teología que detentaba el título de tal. Esa había sido la intención de Paolo Cortesi (n. 31) al reescribir los libros de Pedro Lombardo en una prosa presuntamente modulada sobre Cicerón: un designio que consagraba el anacronismo bajo disfraz de actualidad[118] y que Erasmo refutó sin necesidad de recordarlo en el *Ciceronianus* (n. 128), donde el autor, con todo, se llevaba buenos palos por motivos afines. Tampoco se trataba de dejar que la teología escolástica y los *studia humanitatis* corrieran tranquilamente paralelos y en última instancia independientes, como en los colegios de los jesuitas o, *mutatis mutandis,* en tantos de la Reforma: un compromiso de esa índole equivalía a una renuncia al afán anexionista que daba al humanismo su propia razón de ser.

No, el proyecto erasmiano no era ponerle un collar distinto al mismo perro ni encerrarlo en distinto lugar que al gato. Erasmo pretendía ni más ni menos que ofrecer el reverso de la teología oficial, reemplazarla por otra diametralmente opuesta. La inutilidad de la teología escolástica, discurría, se comprueba lo mismo en el fondo que en la forma: a unos temas esotéricos corresponde una jerga ininteligible (y viceversa), en una y otros se da idéntico divorcio de la vida real y de la experiencia cotidiana de la fe. No ocurre así en la única fuente cierta del cristianismo: Jesús y los apóstoles usaban un lenguaje tan accesible a los

---

[118] Roberto Cardini, «'Antichi e moderni' in Paolo Cortesi», en las actas del congreso *Paolo Cortesi e la cultura del suo tempo. San Gimignano, 13-15 giugno 1991,* en prensa, y John F. D'Amico, *Renaissance Humanism in Papal Rome,* Baltimore, 1983.

instruidos como a los ignorantes, para mostrarles un espíritu que «a todos igualmente se comunica... y así como no falta a los que son enfermos y pequeños, así también es a los perfectos y grandes admirable». Es imprescindible recuperar ese lenguaje y ese espíritu, los del Nuevo Testamento, estudiando la Biblia, a ser posible en la lengua original y con ojo alerta a las peculiaridades de cada libro y de cada tiempo, empapándose en la Sagrada Escritura, manantial de todo comportamiento y pensamiento cristiano, de la vivencia íntima a la predicación. Nadie, en ningún momento, es ajeno al mensaje del Redentor, y por ende «todos también pueden ser teólogos»[119]. Los *Colloquia* erasmianos son a la par manual de conversación latina y manual de una teología, la *philosophia Christi,* que compra en los mercados, toma el sol en las plazas y brinda en los convites: la casada feliz y la malmaridada contrastan las ventajas y las miserias del matrimonio, el carnicero y el pescadero no piensan igual sobre el ayuno, unos viejos se preguntan si han seguido en la vida el camino que más les convenía... Todas son ocasiones para hacer teología: Jesús, punto de mira del individuo y eje de la comunidad, no puede sino hacerse presente en cualquier circunstancia de la vida. Una sociedad cristiana respira teología por cada poro.

El espíritu habla al espíritu y con él se le responde, no con meras observancias externas ni ceremonias huecas. Ni con silogismos, desde luego. El propio San Pablo quizá no hubiera sabido dar cuenta de los problemas que absorben al *trust* de los teólogos (bien es cierto que, como ya Petrarca apostillaba, «In Apostolo Dei nichil dyalectice artis

---

[119] «Haec omnibus ex aequo sese accommodat..., at rursus ita non deest infimis, ut summis sit etiam admirabilis... Doctos esse vix paucis contigit, at nulli non licet esse Christianum, nulli non licet esse pium, addam audacter illud, nulli non licet esse theologum». *Paraclesis ad Christianae philosophiae studium,* en *Opera...,* vol. V, cols. 140-141; traducción española del siglo XVI, en Erasmo, *El En-*

erat»[120]): si será lícito comer y beber después de la resurrección, el término *a quo* y el término *ad quem* o en qué segundo se produce la Transubstanciación, supuesto que la fórmula de la Eucaristía «es una cantidad discreta dentro de una sucesión» (n. 117). Pero las enseñanzas de Jesús son cristalinas. Los clásicos del cristianismo «no osaban afirmar nada que no esté nítidamente declarado en las Escrituras», y en hacer otro tanto y enseñarlo de buena fe, sinceramente, «consiste la verdadera ciencia de la teología». Es posible sentirse en comunión con la Trinidad sin ser capaz de explicar con los tecnicismos de la filosofía en qué se distinguen el Padre y el Hijo ni qué significa la *processio* del Paráclito. O se cree o no se cree. El dogma no corre peligro, si la caridad está segura. Lo importante es un corazón limpio, y la meta de todos nuestros empeños estará en purgar el ánimo de las pasiones, «de los celos, la envidia, el odio, la soberbia, la avaricia, la lujuria..., y en conseguir los frutos del Espíritu: el amor, la alegría, la paz, la paciencia, la bondad...»[121]. Cristo es el lenguaje («In principio erat sermo», traduce Erasmo) que arrebata con la fuerza del amor. A imagen suya, el teólogo tampoco debe «hablar de las cosas de Dios sin pasión», sin emocionarse y emocionar a quien lo escucha, sin transformarse a sí mismo y proponerse transformar a los demás, incitándolos a abrirse al espíritu, a obrar según la caridad: el que-

quiridión o Manual del caballero cristiano..., al cuidado de Dámaso Alonso y Marcel Bataillon, Madrid, 1932, págs. 454 y 462.

[120] *Apud* P. de Nolhac, *Pétrarque et l'humanisme,* II, pág. 207.

[121] «Veteres autem parcissime de rebus divinis philosophabantur, neque quicquam audebant de his pronuntiare quod non esset aperte proditum his literis quarum autoritas nobis est sacrosancta... Hoc igitur totis studiis agendum erat, hoc meditandum, hoc urgendum, ut livore, ut invidia, ut odio, ut superbia, ut avaricia, ut libidine purgem animum... Non effugies exitium, nisi curaris interim habere fructus Spiritus, qui sunt charitas, gaudium, pax, patientia, benignitas, bonitas, longanimitas, mansuetudo, fides, modestia, continentia, castitas... Imo hoc demum est eruditionis theologicae, nihil ultra quam sacris literis proditum est definire; verum id quod proditum est, bona fide dispensare». *Opus epistolarum,* V, núm. 1334, págs. 176-178.

hacer del teólogo «más consiste en los afectos del ánimo que en argumentaciones y más se muestra en bien vivir que en bien argüir»[122].

A nuestro propósito, tales son los grandes rasgos de la teología en que Erasmo aspiraba a imbuir a todos los fieles para desplazar a la teología sistemática oficial. Pero, así las cosas, difícilmente puede caber ninguna duda sobre el «papel ... de la elocuencia en la instrucción espiritual del 'caballero de Cristo'» (n. 114): la elocuencia es el modelo mismo de esa instrucción. O en otras palabras: Erasmo concibe la teología según los patrones de la *eloquentia,* la contempla en unas coordenadas y de acuerdo con unos planteamientos que en una medida decisiva repiten las coordenadas y los planteamientos de los *studia humanitatis.* Excusado es decir que esa correspondencia no impide que la *philosophia Christi* posea una sustantividad religiosa (el grado de originalidad no nos concierne ahora), con presupuestos, contenidos y acentos propios: una cristología, «la contradicción entre la carne y el espíritu», «la imagen de la Iglesia como comunidad, definida, en virtud de su propia esencia, por el amor» (n. 115), etc., etc. En ocasiones, la huella de la *eloquentia* se percibe incluso en la configuración de los principios doctrinales, pero el dato más significativo para nosotros ni siquiera está ahí, sino en la evidencia de que el esquema general que los organiza repite básicamente los paradigmas del humanismo.

En efecto, el ídolo que a Erasmo le importa derribar es el enemigo tradicional del humanismo, el método escolástico, y tampoco ahora por mera rivalidad de escuelas, sino porque cumple elegir entre un código artificial para

---

[122] «Ac mihi quidem parum theologicum videtur, ut ingenue dicam quod sentio, de rebus divinis absque affectu loqui», *Apologia in dialogum Iacopi Latomi,* en *Opera...,* IX col. 90. «Hoc philosophiae genus in affectibus situm verius quam in syllogismis, vita est magis quam disputatio, afflatus potius quam eruditio, transformatio magis quam ratio», *Paraclesis,* col. 141, traducido en la antigua versión española (n. 119), pág. 461.

iniciados y una lengua a la medida de todos los hombres, porque está en juego el predominio de una noción del saber como teoría arcana, reservada a una minoría de especialistas, o bien como cultura viva, destinada a iluminar la experiencia real del mayor número posible de beneficiarios. Esa visión del problema es simultáneamente una visión de la historia, la visión de la historia que se echa en falta en las corrientes de espiritualidad medieval afines a Erasmo en la hostilidad a la teología especulativa («Et quid curae nobis de generibus et speciebus?»[123]). Porque la *philosophia Christi* postula un vasto retorno a la edad anterior a una decadencia milenaria, con la vuelta a unos libros fundamentales cuya letra y cuyo espíritu han ido corrompiéndose en siglos sombríos: y claro está que una depuración del cristianismo de las lacras que lo agobiaban mal podía presentarse sino como una vuelta a Jesús, pero claro está también que el énfasis en el proceso de degradación paralela de los textos, los saberes y las costumbres, así como el ideal de una restauración de todos ellos asimismo paralela, proceden en línea recta de la perspectiva filológica más hondamente radical en los *studia humanitatis*. Como en ellos, el núcleo de la teología erasmiana reside en el lenguaje, y con perfecta coherencia, porque Dios se ha hecho lenguaje y a través del lenguaje hay que buscarlo[124], con un mínimo de preceptos y la intensa frecuentación de unos libros cardinales; y como en ellos, obviamente, la propagación de esa teología, al igual que su adquisición, sigue el programa de la retórica antigua: en resumidas cuentas, con el horizonte de una grandiosa reforma moral y social, lo que le importa es persuadir, y para inducir a la acción recurre como instrumento privilegiado al *páthos,* a esos «afectos del ánimo» (n. 122) que los

[123] *De imitatione Christi* I, 3.
[124] M. O'Rourke Boyle, *Erasmus on Language and Method in Theology,* Toronto, 1977.

oradores logran despertar porque los experimentan en sí mismos y porque prestan particular atención al carácter y las circunstancias del auditorio al que se dirigen.

No es viable ni resultaría oportuno aquí ir mucho más allá de esas afirmaciones a trazo grueso. Cabría concretarlas con infinitas precisiones, porque ni siquiera sería impropio señalar que un buen tramo de la teología erasmiana está programáticamente contenido en los criterios constitutivos del humanismo. No hace falta sino evocar las conclusiones de Lorenzo Valla, el cuatro de marzo de 1457, en la iglesia romana de Santa Maria sopra Minerva, cuando impugnaba la opinión unánime de los dominicos que allí le oían, convencidos de que el mérito principal de Santo Tomás era haber puesto al servicio de la teología «la lógica, la metafísica y la entera filosofía, que los Doctores más antiguos apenas habían gustado con la flor de los labios», mientras él juzgaba, al arrimo del Apóstol (Colosenses, II, 8), que probablemente sería mejor ignorar tales sofisterías y, en todo caso, atenerse al «theologandi modus» de los gigantes que fueron Agustín, Ambrosio, Basilio, el Crisóstomo...[125] Pero, si nos remontamos un siglo atrás, nunca encontraremos a Petrarca más encrespado por la pasión que en sus nutridas páginas contra los usurpadores que deshonran el nombre de maestro en teología, antaño ostentado por tan santos «professores», y no quieren hacer verdad en sí mismos que «Pietas est sapientia»: «novi ... theologi» desdeñosos de los Padres, tal vez de los Apóstoles y del propio Evangelio, que se han vuelto «ex theologis dyalectici», 'de teólogos diálecticos, y ojalá no sofistas'[126], y que con todos sus predicamentos y categore-

---

[125] *Encomium Sancti Thomae Aquinatis*, ed. M. J. Vahlen, en L. Valla, *Opera omnia*, al cuidado de E. Garin, Turín, 1962, vol. II, págs. 349-350 («... dicerent eum ad probationem theologiae adhibere logicam, metaphysicam atque omnem philosophiam, quam superiores doctores vix primis labiis degustassent»); y Salvatore Camporeale, *Lorenzo Valla. Umanesimo e teologia*, Florencia, 1972.

[126] *De remediis utriusque fortune*, I, XLVI, y *Seniles*, V, II, en *Opera*, I, pág. 57, y II,

mas aristotélicos no tienen, como no tuvo Aristóteles, ni una palabra que nos mueva íntimamente a bien obrar (n. 152).

Ese itinerario que desde la escolástica como término negado conduce a los *affectus* de la elocuencia a la vez que al Nuevo Testamento y a los Padres ¿no es acaso en un larguísimo trecho el mismo recorrido de la *philosophia Christi*? Las formulaciones similares de Petrarca, Valla y tantos otros humanistas no son solo 'precedentes': la teología de Erasmo comparte con ellos unas raíces y una savia que no por dar flores y frutos en distintos lugares y tiempos dejan de ser unas y las mismas. Son, decía, los paradigmas del humanismo. Ninguno más fecundo que la retórica, y tanto, que, si quisiéramos, los pronunciamientos recién leídos podríamos explicarlos a la luz de un solo párrafo de esa *magna charta* que los *studia humanitatis* tuvieron en el *De oratore* de Cicerón: «mientras las demás artes tienden a surgir de fuentes recónditas y remotas, el arte de hablar está en medio de la plaza, como a disposición de cualquiera, ocupada en las prácticas y en la lengua de todos, de suerte que si en los otros campos se llega tanto más a la cúspide cuanto más lejos de la comprensión y el parecer de los no especialistas, en el hablar el vicio mayor estriba en apartarse del estilo corriente y de los modos de sentir comúnmente aceptados»[127].

Traigo a colación el *locus classicus* del *De oratore* para insistir en que son los principios generales, como el tan memorablemente acuñado ahí, los que marcan el aspecto

---

pág. 880; *Familiares*, XVI, xiv, 12, en *Le Familiari*, ed. V. Rossi, III (Florencia, 1937), pág. 213; y abajo, n. 152.

[127] «Quod hoc etiam mirabilius debet videri, quia ceterarum artium studia fere reconditis atque abditis e fontibus hauriuntur, dicendi autem omnis ratio in medio posita communi quodam in usu atque in hominum more et sermone versatur, ut in ceteris id maxime excellat quod longissume sit ab imperitorum intellegentia sensuque disiunctum, in dicendo autem vitium vel maximum sit a volgari genere orationis atque consuetudine communis sensus abhorrere» (I, iv, 12).

más característico de la deuda erasmiana con el humanismo. Por mucho que cuente la materialidad de temas, datos o estilo, todavía cuentan más los esquemas y la *forma mentis*. Un ejemplo pertinente apenas nos apartará del pasaje recién citado. Relata Erasmo haber asistido en Roma a un sermón de Viernes Santo pronunciado en presencia del Papa por un famoso orador con pretensiones de ciceroniano y que por tal pasaba en el ambiente de la Curia cuyo exponente típico era Paolo Cortesi (n. 118). La mayor parte de la plática se la llevó el exordio a Julio II, «Júpiter Optimo Máximo, que, blandiendo en la diestra omnipotente el ineluctable rayo trisulco, con solo el ceño obtenía cuanto deseara». En lo restante, la Pasión se parangonaba al sacrificio de los Decios, Meneceo e Ifigenia en aras de la patria, y el triunfo de la Cruz, a los de Escipión o César y a las apoteosis imperiales. «Tan romanamente habló el romano aquel, que nada oí sobre la muerte de Cristo». Ni una palabra dijo para aclarar, por caso, que con el pecado crucificamos de nuevo al Salvador; ni un atisbo de emoción suscitó en la concurrencia, «nec ullos moverat affectus». Se adivinaba que ni entendía ni le entusiasmaba demasiado la materia. Pues bien, comenta Erasmo, el predicador tan celebrado en la curia era en definitiva menos ciceroniano que Tomás de Aquino, Escoto o Durando, porque ellos sí reunían con creces los requisitos que Horacio y Quintiliano confirman como capitales en la elocuencia: dominar de arriba abajo el objeto de que se trata, hacer brotar el discurso de las entrañas[128] y ajustarlo a los condicionamientos del asunto, los destinatarios y el momento, «si melius dicit qui dicit aptius». Por el contrario, el sermón de marras no nacía del conocimiento ni del

---

[128] «—Nonne fateris Ciceroni simillimum qui de quacunque re dicit optime? —Fateor. —Ad benedicendum duae potissimum res conducunt, ut penitus cognitum habeas de quo dicendum est, deinde ut pectus et affectus suppeditet orationem», etc. *Ciceronianus,* ed. P. Mesnard, en *Opera omnia,* I: II (1971), pág. 640.

amor por los misterios cristianos, «neque quicquam apposite dicebat»: nada tenía que ver con la ocasión, el público ni el motivo. «Ad talem diem, ad tales auditores, ad tale argumentum quid faciebat obsecro?»

No es, pues, materialmente en los temas, los datos o el estilo donde radica la calidad de 'ciceroniano', sino en la adhesión a unos principios esenciales: la actitud ante el objeto de estudio, el modo de comunicarlo, la implicación con oyentes o lectores... Es también en esos principios, antes que en sus infinitas concreciones más o menos de detalle, donde el Erasmo teólogo y el Erasmo gramático revelan ser uno solo. Otro de tales paradigmas acaba de salirnos al paso. La elocuencia obliga a expresarse *aptius, apposite,* es decir, a conjugar las exigencias del tema y del lenguaje con las conveniencias del orador y del auditorio en unas determinadas circunstancias de lugar y tiempo[129]. Pero el humanista avezado a perseguir tal meta en la expresión acaba por erigirla en una pauta de comprensión (y tal vez de vida, en el caso de Erasmo): lo *aptum* es para él una categoría de explicación histórica, la historia misma. Un diploma en que Julio César se refiere a sí mismo en primera persona del plural, *nos,* o una pretendida donación de Constantino que emplea las cláusulas típicas del *cursus* medieval forzosamente han de ser tan falsos como probaron Petrarca y Valla, porque están en contra de la *ratio temporum.* El hábito de preguntarse sistemáticamente a quién, cuándo, para qué se está hablando («non modo quid dicatur, verum etiam a quo dicatur, cui dicatur, quibus verbis dicatur, quo tempore, qua occasione, quid praecedat, quid consequatur») se extiende inevitablemente del discurso propio al ajeno y adiestra la sensibilidad a

---

[129] «Verum illud appositum, unde perpenditur, nonne partim a rebus, de quibus verba fiunt, partim a personis tum dicentium, tum audientium, partim a loco, tempore reliquisque circumstantiis?» *Ciceronianus,* pág. 634, comentado por J. Chomarat, *Grammaire et rhétorique chez Erasme,* pág. 824.

captar más plenamente cómo cambian y cuán diversas y complejas son en las distintas coyunturas palabras, cosas, personas: y, por ahí, qué singular cada una y qué relativas todas.

Pues en «illud decorum et aptum» templa Erasmo la conciencia de la historia que le permite hacerse cargo de los valores, no solo 'ciceronianos', de unos teólogos a quienes miraba con tanta aprensión como los doctores de las tres vías. Es exactamente la misma conciencia que en otra página le autoriza a aseverar que Cicerón, orador insuperable en su época, no lo hubiera sido en la de Catón o de Ennio, con otras costumbres y otros gustos. Ni los textos se entienden sin los contextos, ni los hechos sin las circunstancias. Tampoco para la Biblia rige otro criterio. Las prescripciones y las proscripciones del Antiguo Testamento tuvieron justificación en su tiempo y por eso mismo quizá no son válidos en el nuestro; Pablo encarecía a los obispos cuidar bien a sus esposas: hoy, ni a los subdiáconos es lícito casarse; cuando cesaron las persecuciones, la Iglesia promulgó leyes, por ejemplo sobre las ceremonias de los sacramentos, que pueden parecer contrarias a los preceptos de Cristo, si no se repara en que han de hacerse presentes en otros días que los de Cristo, «nisi distinctione temporum Scripturas in concordiam redigamus»[130].

Por supuesto, según Erasmo, el Redentor ofrece el ejemplo más alto de respeto por lo *aptum* tanto en el hablar como en el proceder: porque Jesús no solo quiso adaptar la predicación a todos los entendimientos, «sermonem suum ad illorum captum attemperans», sino que prefirió no romper bruscamente con la ley vieja, para que los ju-

---

[130] *Ciceronianus*, pág. 634-635 («—Cicero, qui suo saeculo dixit optime, non optime dixisset si aetate Catonis Censorii, Scipionis aut Ennii simili modo fuisset loquutus. —Non tulissent aures comptum illud et numerosum dictionis genus, nimirum horridioribus assuetae. Nam istorum ratio moribus illorum temporum congruebat»), y *Ratio verae theologiae*, en *Opera...*, V, cols. 86-88.

díos fueran asimilando paso a paso la Buena Nueva, y, en vez de retirarse al desierto como el Bautista, vivir en el mundo «acomodándose a todos y sin rehusar la compañía de ninguno»[131]. El ejemplo vale más inmediatamente para los predicadores, herederos legítimos de los oradores antiguos también en tanto vínculo de la sociedad[132], pero asimismo rige para el resto de los creyentes, si de veras quiere centrarse en Cristo la comunidad que se dice cristiana: y es un ejemplo de apertura a la multiplicidad de dimensiones de la realidad, una lección de flexibilidad y tolerancia, casi un curso de irenismo. La categoría retórica del *dicere aptius* se alza a categoría social, ética, religiosa.

IX

Erasmo brinda la última gran versión del sueño del humanismo. La vieja aspiración a una cultura lingüística y literaria que se traduzca «in actum» (n. 51) moldeando todas las facetas de la vida cuaja ahora en un pensamiento cristiano pertrechado con las más eficaces herramientas de la *eloquentia* para salir al encuentro de la cuestión central de la época, el conflicto religioso que desgarra las naciones y las almas. Para comprender la teología erasmiana, pues, es preciso, por una parte, percibir su coincidencia profunda con el arquetipo mismo de los *studia humanitatis,* y, por otra, comprobar cómo se insertan sus varias realizaciones en el desarrollo concreto de tal arquetipo, en la ca-

[131] «... quoque plures alliceret comitate sua, non abdit se in deserta, nec utitur vestitu insigniter aspero, nec cibis insigniter austeris, sed omnibus semet accomodans, nec ullius adspernans consortium, vescitur quibuslibet et bibit quod apponitur; et rursum inveniunt quod calumnientur, dicentes: 'Ecce homo vorax ac vinolentus, amicus publicanorum et peccatorum'». *Paraphrasis* sobre Marcos, IV, 33, y Mateo XI, 19, en *Opera...,* VII, cols. 191 y 68.

[132] L. D'Ascia, *L'oratore e il presente. Il metodo retorico di Erasmo da Rotterdam e la polemica sul ciceronianismo,* Universidad de Pisa, 1987, pág. 170, tesis *di laurea* refundida ahora en *Erasmo e l'Umanesimo romano,* Florencia, 1991.

dena de experiencias que fueron perfilándolo a lo largo de
dos siglos. Porque Erasmo unas veces prolonga el camino
y otras lo repite, y, por ende, sus aportaciones han de va-
lorarse siempre calibrándolas con la doble medida de la
teoría y la historia del humanismo. Situarlo sobre el fondo
de esos dos paisajes es mucho más relevante que perseguir
en la obra del holandés los rastros de tal o cual humanista
italiano.

No hay que exceptuar ni al propio Lorenzo Valla.
Quizá a ningún autor, antiguo ni moderno, le debe Erasmo inspiraciones más decisivas. Desde las minucias
de morfología extractadas en el epítome de hacia 1489
(n. 112) hasta la «concepción 'retórica' del lenguaje» (n.
25), pasando por la predilección por el *leitmotiv* paulino
del 'hombre interior' («non exterior homo, sed interior
placet Deo»)[133], con la convicción aneja de que el hábito
no hace al monje («monachatus non est pietas...»), las enseñanzas de Valla están en él omnipresentes. Pero las con-
cordancias entre uno y otro no siempre suponen por necesidad que Erasmo tomara el relevo exactamente donde
Valla lo dejó: a menudo se deben a que ambos responden
al mismo impulso inicial.

Es bien sabido, por ejemplo, que el holandés descubrió en 1504 y publicó en 1505 la larga serie de *adnotationes*
que Valla había compilado con vistas a corregir a la luz de
los originales griegos la versión latina del Nuevo Testamento contenida en la Vulgata. De ahí recibió infinidad
de lecciones de método filológico y orientación espiritual
que fructificaron en una pionera edición del *Novum Instrumentum* (1516[1], 1535[5]), acompañada de su propia traducción al latín y de un conjunto de apostillas y comentarios
tan deslumbrantes por la perspicacia de la crítica textual

---

[133] L. Valla, *De professione religiosorum*, X, 19, ed. Mariarosa Cortesi, Padua,
1986, pág. 53, comentado por Eugenio Asensio, «El erasmismo y las corrientes
espirituales afines», *Revista de filología española*, XXXVI (1952), págs. 30-99 (85).

como por la limpidez con que se aplican a rescatar el mensaje primigenio de Cristo[134]. En muchos aspectos, era la culminación de toda la actividad de Erasmo: por una parte, ponía la piedra angular para hacer verdad que «la principal esperanza ... de restituir y recomponer la religión está en que quienes profesan la filosofía cristiana, dondequiera que sea, se embeban en las enseñanzas de su fundador de acuerdo con los textos evangélicos y apostólicos, pues en ellos el lenguaje celestial que el corazón del Padre nos dirigió antaño vive aún para nosotros, alienta aún, obra y habla aún, con suprema eficacia, pienso, y con suprema cercanía»; por otro lado, concretaba la convicción de que para recuperar el «sermo ille coelestis» el punto de partida indispensable era restaurar la letra y captar el espíritu de tales textos enmarcándolos en los contextos en que nacieron, según las técnicas tan satisfactoriamente ensayadas con los clásicos, porque «la doctrina de salvación se busca y fluye harto más pura y vívidamente en los veneros mismos, en las fuentes mismas, que en las ciénagas y en los arroyos»[135].

A la realización de esos designios merced al *Novum Instrumentum* contribuyeron inmensamente las *adnotationes* de Valla, pero sería inexacto atribuirles, como en ocasiones se hace, un papel exclusivo: no fueron las *adnotationes* las que llevaron a Erasmo a concebir el proyecto, sino el pro-

---

[134] J. H. Bentley, *Humanists and Holy Writ. New Testament Scholarship in the Renaissance,* Princeton, 1983.

[135] «Etenim cum illud haberem perspectissimum, praecipuam spem planeque sacram, ut aiunt, ancoram restituendae sarciendaeque Christianae religionis in hoc esse sitam, si quotquot ubique terrarum Christianam philosophiam profitentur, in primis autoris sui decreta ex Evangelicis Apostolicisque literis imbibant, in quibus sermo ille [*en la primera edición,* verbum illud] coelestis quondam e corde Patris ad nos profectus adhuc nobis vivit, adhuc spirat, adhuc agit et loquitur, sic ut mea quidem sententia nusquam alias efficacius aut praesentius: ad haec, cum viderem salutarem illam doctrinam longe purius ac vividius ex ipsis peti venis, ex ipsis hauriri fontibus, quam ex lacunis aut rivulis, Novum (ut vocant) Testamentum uniuersum ad Graecae originis fidem recognovimus...» *Opus epistolarum,* núm. 384, II, pág. 185.

yecto el que llevó a Erasmo a encontrar las *adnotationes*. De hecho, ya en 1501 se había dado con pasión al aprendizaje del griego, al percatarse de que sin dominarlo plenamente era disparate insigne rozar siquiera muchas cuestiones de teología[136]. Pero para llegar a tal conclusión, y por bienvenidas que fueran a muchos propósitos, las *adnotationes* no le hacían falta: le bastaba con comprobar que las *Elegantiae* corregían a menudo la Vulgata gracias al cotejo con la «graeca veritas», incluso en puntos de larga trascendencia religiosa, y con compartir, como compartía, la experiencia histórica del humanismo. La ampliación del campo de trabajo desde las letras latinas a las griegas formaba parte de los presupuestos constitutivos de los *studia humanitatis:* la exigía la propia materia, Petrarca la persiguió con entusiasmo aunque sin fortuna, Salutati y Crisoloras la inauguraron felizmente y la generación de Poliziano pudo tenerla por consolidada. El propio Valla había progresado en idéntico sentido, y entre la primera y la segunda redacción de las *adnotationes* el hincapié se desplaza sensiblemente desde la mera corrección de la Vulgata hacia una nueva traducción fundada en la revisión del texto griego. Si Erasmo se volcaba en ese último objetivo, no era solo gracias a Valla, sino también porque, como Valla, se beneficiaba de las premisas básicas del humanismo y, como hombre de su tiempo, de los desarrollos que de tales premisas, y en particular para fuentes ya no simplemente literarias, habían hecho los maestros recientes a quienes no dudaba en colocar «in maximis authoribus»[137]. O, en síntesis, porque su biblismo obedece a una lógica inherente a la naturaleza misma de los *studia humanitatis.*

---

[136] «Video dementiam esse extremam, theologiae partem quae de mysteriis est praecipua digitulo attingere, nisi quis Graecanica etiam sit instructus supellectile...» *Opus epistolarum,* núm. 149, I, pág. 352.

[137] «Non verebor Hermolaum Barbarum, Picum Mirandulanum, Angelum Politianum vel in maximis authoribus ponere...» *Opus epistolarum,* núm. 126, I, pág. 293.

No descuidemos tampoco que Erasmo no solo va más allá de Valla por concentrar la atención en los textos griegos, sino sobre todo por proclamar rotundamente un ideal más ambicioso. «En tres lenguajes habla [la Escritura] a todos los que entraren»: «cuando San Jerónimo quiso explicarla, ¿se proveyó de argumentos sofistas? En absoluto: aprendió, con encarnizado esfuerzo, las tres lenguas. Quien las ignora no es un teólogo: es un profanador de la teología, la mancha, la viola»[138]. Cuando en 1500 Erasmo determinó consagrarse a los estudios bíblicos para el resto de sus días, «in his [divinis literis] reliquam omnem aetatem insumpturus», acarició hacer ese ideal enteramente suyo iniciándose en el hebreo, pero tuvo que desistir, desalentado por la extrañeza de la lengua, «peregrinitate sermonis deterritus»[139]. Valla había sido más tímido, contentándose con afirmar, a cuenta de sus propias *adnotationes,* que la restitución de «todas y cada una de las palabras de la Escritura, que son otras tantas gemas y piedras preciosas de la Jerusalem celestial», exigía conocer *como mínimo* el griego medianamente y el latín a la perfección: «grecus *saltem* mediocris, latinus eximius». Pero de ningún modo podía escapársele la necesidad de proceder como el holandés hubiera querido, y no dudaba en subrayar que solo los originales hebreo y griego, y no traducción alguna, merecen el título de Sagrada Escritura[140].

A decir verdad, aunque tardara en plasmarse resueltamente, el ideal erasmiano del biblismo trilingüe estaba implícito en los planteamientos iniciales del humanismo.

---

[138] *Convivium religiosum,* en *Colloquia,* ed. L.-E. Halkin *et al.,* en *Opera omnia,* I:III (1972), pág. 230 («Nec mutum habeo ianitorem: tribus linguis alloquitur ingredientem»), en la traducción española del siglo XVI publicada en la *Nueva biblioteca de autores españoles,* XXI (Madrid, 1915), pág. 179; *Ratio verae theologiae,* según L.-E. Halkin, *Erasmo,* México, 1971, pág. 163.

[139] *Opus epistolarum,* núm. 181, I, págs. 404-405.

[140] L. Valla, *Collatio Novi Testamenti,* ed. A. Perosa, Florencia, 1970, pág. 7, y *apud* S. I. Camporeale, *Lorenzo Valla. Umanesimo e teologia,* pág. 318 («...etsi proprie Scriptura Sancta sit ea quae Sancti ipsi vel hebraice vel graece scripserunt»).

Leonardo Bruni lo había negado en un momento de ardor polémico y de concesión a la vetusta leyenda según la cual las versiones de los Setenta y de la Vulgata estaban también inspiradas por el Espíritu Santo. No hay que dar crédito, argüía, a quienes sostienen que «los fundamentos de la fe verdadera proceden de los libros de los judíos y que, por más que puedan leerse en traducción, es preferible buscar las fuentes a los arroyos: yo digo que nosotros somos cristianos, no judíos, y que las fuentes son nuestras, no suyas»[141]. El canciller florentino estaba aplicando de forma manifiestamente torcida, hasta reducirla al absurdo, la imagen ciceroniana que ya hemos oído en Erasmo y que los humanistas repitieron incansablemente, de Petrarca al Brocense, para defender un principio que solo podía conducir a una conclusión diametralmente opuesta a la de Bruni: «tardi ingeni est rivulos consectari, fontes rerum non videri» (*De oratore*, II, XXVII, 117). Como conducía a Valla a concluir que si hasta los tiempos de Jerónimo los afluentes habían corrido no poco turbios, según el propio Santo atestiguaba, en los mil años siguientes era inevitable que se hubieran cargado aun más de desechos y cieno, «sordes ... ac limum», y se imponía limpiarlos a conciencia (n. 140).

El lema del retorno a las «fontes rerum» era necesariamente una invitación a la filología trilingüe. El Cuatrocientos abunda en amagos en esa dirección, justamente tanto más sintomáticos por cuanto discontinuos e inconexos: desde el confuso plan de Giannozzo Manetti para traducir toda la Biblia «a veris Hebreorum ac Grecorum fontibus»[142] hasta el brillante tanteo polizianesco de enmen-

---

[141] «At enim, inquis, fundamenta rectae Fidei a Iudaeorum libris existunt, qui etsi sint translata, melius tamen est fontes consectari quam rivos. Certe si Christiani, non autem Iudaei, apud nos esse dico, non apud illos». Comentado por Charles Trinkaus, *«In Our Image and Likeness». Humanity and Divinity in Italian Humanist Thought*, Londres, 1970, págs. 578-581.

[142] *Apud* G. Manetti, *Apologeticus*, ed. A. De Petris, Roma, 1981, pág. xx.

dar la plana a los Setenta remontándose al original del Salmo LXIV y a la mitología de los egipcios. Quizá el esfuerzo más revelador es el debido a Antonio de Nebrija, quien en 1486 había ya acometido el estudio del hebreo y bosquejado el propósito que unos años después declaraba en curiosa coincidencia con Erasmo: «omne reliquum vitae nostrae tempus in Sacris Litteris consumere». El biblismo reivindicado y ejemplarmente cultivado por el Nebrisense era el propio del *grammaticus,* centrado en la elucidación del sentido literal de *nomina* y *res,* pero no descuidaba subrayar que la tarea implicaba revisar otros sentidos «partim mysticos, partim morales» tradicionalmente admitidos en la Escritura y, a la postre, inquirir «en la tierra» cosas «cuyo conocimiento nos acompañará en el cielo». En cualquier caso, respondía a una vasta y coherente perspectiva que del hebreo, que por primera vez anunció a los hombres la salvación, pasaba al griego, depósito por excelencia del saber, y al latín, extendido universalmente, reconciliando «religio, sapientia ac potentia» de suerte que se reforzaran entre sí. Exactamente el reverso de las rutinas enquistadas en la universidad coetánea, donde la turba de frailes ignorantes (Antonio los motejaba de «sacrificuli») malrotaba las horas en «disputar la ridícula cuestión de 'si las quiditates de Escoto, pasando por los lados de un punto, pueden llenar el vientre de la Quimera'»[143].

Una parte considerable de tal visión, sin excluir las reticencias frente a la teología especulativa, coincidía con el programa del Cardenal Cisneros, tan vigorosamente encauzado a lograr que el nuevo estilo de pensamiento cristiano se abrevara en el manantial mismo de las tres lenguas de la Escritura, «ex ipso archetipae linguae fonte», en la fuente cuyas aguas corren hasta la vida eterna, y no se li-

---

[143] Textos citados en F. Rico, *Nebrija frente a los bárbaros. El canon de gramáticos nefastos en las polémicas del humanismo,* Salamanca, 1978, págs. 62-67, y «Un prólogo al Renacimiento español...», en *Seis lecciones sobre la España de los Siglos de Oro. Homenaje a Marcel Bataillon,* Sevilla-Burdeos, 1981, págs. 59-94 (77).

mitara a saciar la sed en los sólitos riachuelos: «Ut ... possit ... non solum rivulis esse contentus, sed ex ipso fonte salientis aquae in vitam eternam sitim pectoris extinguere...»[144] El fruto más excelente de los designios cisnerianos fueron los seis espléndidos infolios de la Biblia Poliglota Complutense (n. 134). Pero Nebrija, que le había prestado inspiraciones, ánimos y discípulos, no quiso intervenir en la ejecución de la empresa sino fugazmente y despidiéndose con un portazo, porque mientras él, como Valla, soñaba con una versión latina castigada a fondo, el Cardenal optó por una menos innovadora edición de la Vulgata. O, con las imágenes que usaron uno y otro, porque mientras Nebrija deseaba que entre las tres lenguas hubiera la misma equilibrada correspondencia que en la inscripción de la Cruz, «in titulo Crucis» (n. 143), Cisneros dio mayor relieve al texto latino haciéndolo estampar en el centro de la página, flanqueado del hebreo y del griego, como Cristo entre los ladrones.

El primer volumen de la Complutense, con la edición príncipe de Nuevo Testamento griego, se imprimió en 1514, pero no circuló hasta 1520, y solo después pudo utilizarlo Erasmo (a quien el Cardenal había invitado a colaborar en la empresa cuando ya no era materialmente posible) para revisar el *Novum Instrumentum*. Cuando empezaron a profundizar en la filología de la Escritura, ni él ni Nebrija conocían las *adnotationes* de Valla; cada uno tardó en conocer la labor del otro en ese terreno (y Erasmo aprovechó asimismo más de una aportación de Elio Antonio sobre la fonética y la sintaxis clásicas)[145]. Ese es precisamente el dato significativo: en ambientes distintos, con talantes y materiales propios, se llegaba, no obstante,

---

[144] «Prologus» de Cisneros a León X, en *Vetus Testamentum multiplici lingua nunc primo impressum. Et in primis Pentateuchus Hebraico, Graeco atque Chaldaico idiomate, adiuncta unicuique sua latina interpretatione*, Alcalá de Henares, 1517, fol. [2].

[145] Carlos Gilly, *Spanien und der Basler Buchdruck bis 1600*, Basilea y Frankfurt a. M., 1985, págs. 144 sigs.

a métodos, actitudes y resultados convergentes, y en fechas cercanas, porque un biblismo como el erasmiano salía de la propia dinámica interna de los *studia humanitatis,* porque lo pedían el punto de partida y el camino andado hasta la fecha. Si no se contemplan con tal óptica, incluso las deudas más notorias de Erasmo con Valla quedan reducidas a la categoría de anécdotas. Comprobémoslo rápidamente en otro dominio.

Entre las primicias erasmianas, la epístola *De contemptu mundi* asegura que la vida monástica puede ser calificada de «epicúrea» con toda propiedad. Cuarenta años después, en 1533, el diálogo que cierra la última edición revisada de los *Coloquios* resume el meollo de la *philosophia Christi* e invoca al propio Salvador bajo el epígrafe de *Epicureus:* «No hay mayor epicúreo que el buen cristiano...» «Nemo magis promeretur cognomen Epicuri, quam adorandus ille Christianae philosophiae princeps». Era una manera de realzar un mensaje en otros momentos comunicado con menos travesura: ni Jesús fue «triste y melancólico», como algunos piensan, ni la vida del cristiano tiene por qué ser penosa, «inamoena», antes bien ninguna otra hay más dichosa y tranquila; y pues Dios, el *summum bonum,* es la alegría y la paz, y los cristianos han encontrado en Él el bien supremo que persiguen los filósofos, ser filósofo equivale a ser cristiano, «idem esse philosophum et esse Christianum»[146].

Desde Lutero, nunca harto de vocear que el holandés apestaba a Epicuro[147], la defensa e ilustración de esas ideas suele contarse entre los rasgos más singulares del pensa-

[146] «Quod si de veris loquamur, nulli magis sunt Epicurei quam Christiani pie viventes...», *Colloquia,* págs. 721 y 731. «Porro philosophus is est, non qui dialecticen aut physicen calleat, sed qui contemptis falsis rerum simulachris infracto pectore vera bona et perspicit et sequitur. Vocabulis diversum est, caeterum re idem esse philosophum et esse Christianum», *Institutio principis christiani,* ed. O. Harding, en *Opera omnia,* IV:1 (1974), pág. 145.

[147] M. O'Rourke Boyle, *Christening Pagan Mysteries. Erasmus in Pursuit of Wisdom,* Toronto, 1981, págs. 65-95.

miento erasmiano. Es cierto, pero solo a medias, mientras no se añada que la persistencia del *leitmotiv* epicúreo hace meridiano que de los primeros a los últimos años Erasmo estuvo fascinado por la paradoja que Valla había argüido tan picante como sólidamente en el *De vero falsoque bono:* para un cristiano, el *summum bonum* consiste en gozar de Dios, y, por tanto, el tal bien está más cercano a la *voluptas* de Epicuro que a la *honestas* de los estoicos. Es necesario señalar la dependencia, y aun más situarla en el marco de un detenido análisis, todavía por acometer, de tantas otras no menos llamativas. Pero ni siquiera se entra de veras en el fondo del asunto, si no se observa que el epicúreo de nuestro ejemplo, amén de un reflejo de Valla, es también la diáfana puesta al día de una de las ideas seminales del humanismo.

Basta, en efecto, recordar unos párrafos de las *Familiares,* allá donde el autor, a zaga de Platón, «philosophorum princeps», y de San Agustín, «Christi philosophus», explica que el «verum et summum bonum» y la felicidad consisten en amar y gozar a Dios, «frui Deo», de modo que el auténtico filósofo no es sino el buen cristiano, «verum philosophum nonnisi verum esse cristianum», y tanto más cuanto que la filosofía no radica en las palabras, y menos en los silogismos, sino en los hechos, no es «verborum ars..., sed vite»[148]. Ya en Petrarca, pues, el problema del *summum bonum* lleva a proclamar el ideal de un *philosophus* ajeno a las inanidades de la dialéctica y concretado en el *christianus* que practica plenamente la fe. Que el padre del humanismo apoye aquí la *philosophia Christi* en Platón y Cicerón, en tanto Valla y Erasmo echan mano de Epicuro, es cuestión de detalle (un siglo, dos siglos más tarde, había más lugar para la coquetería del erudito que busca provocar a los novicios con una etiqueta recóndita y comúnmente mal descifrada). La coincidencia impor-

---

[148] *Familiares,* XVII, 1, 7-16, en *Le Familiari,* III, págs. 223-224.

tante, en el pensamiento y en la expresión, nos lleva en cambio a la zona en que incluso los modos más elementales de los *studia humanitatis* se organizan inevitablemente en un sistema cuya trascendencia rebasa con mucho la sola literatura.

Así, entre los días de Petrarca y la edad de Erasmo, el exigente clasicismo formal y temático que está en los cimientos del humanismo implicaba por fuerza unas nociones del hombre, la moral y la religión que el gigante de Rotterdam pregonó con enorme talento y tenacidad, pero que de ningún modo había descubierto. A tal propósito, las páginas de Erasmo más inolvidables y de hecho siempre recordadas están en el *Convivium religiosum.* Tras la invitación a la libertad evangélica que Eulalio ha extraído de unas líneas de San Pablo, Crisogloto duda sobre la oportunidad de aducir cierto pasaje que le ha impresionado en un autor profano.

No se debe llamar profano —matiza Eusebio— nada que tuviere doctrina piadosa y de provecho para las buenas costumbres. La Escritura sagrada en todo ha de llevar la ventaja, pero entre las otras yo a menudo hallo cosas que los antiguos dijeron o escribieron los gentiles, incluidos los poetas, tan puras, tan santas, tan divinas, que no puedo creer sino que algún numen bueno les movía el corazón. [...] Quiero abriros el pecho, pues estoy entre amigos: nunca leo las obras que Cicerón hizo *De senectute, De amicitia, De officiis,* o las *Tusculanas,* sin que muchas veces bese el libro y tenga en grande acatamiento aquel ánimo guiado por una gracia celestial. Lo contrario me acaece con los autores recientes [...], que es de maravillar cuán heladamente proceden en comparación con los antiguos y parecen no sentir lo que dicen. Yo, por lo que a mí toca, más lamentaría faltarme un libro de Cicerón o Plutarco que todo cuanto escribieron Escoto y sus pares, no porque los condene sin remisión, sino porque siento que con la lectura de los unos me vuelvo mejor, en tanto los otros

me dejan más frío para la auténtica virtud y más queren-
cioso para las disputas[149].

El comentario de Eusebio anima a Crisogloto a citar
el pasaje en cuestión. Son unas reflexiones de Catón en el
De senectute (XXIII, 83-84):

> «...Ni me pesa haber vivido, porque viví de forma que
> no me parece haber nacido en vano y de esta vida salgo
> como de posada y no como de casa propia. Pues la natu-
> raleza no nos dio este mundo por casa para asentarnos,
> sino para albergarnos como de paso. ¡Oh esclarecido día,
> aquel en que me veré en compañía de las almas y saldré
> de este desasosegado bullicio y gentío!» ¿Con qué palabras
> más santas podría hablar ningún cristiano?

Nefalio recuerda que «con no menor elegancia dijo Sócrates, en un diálogo de Platón *(Fedón, 62b),* que el alma está
puesta en el cuerpo como en una fortaleza en la frontera
enemiga». No obstante, Uranio nota que la metáfora de
Catón concuerda mejor con la epístola a los Corintios (II,
v, 1-5) que llama «domicilio» estable a la morada celestial,
mientras al cuerpo se refiere como «tienda (de campaña)».

[149] «Imo prophanum dici non debet quicquid pium est et ad bonos mores
conducens. Sacris quidem literis ubique prima debetur autoritas, sed tamen ego
nonnumquam offendo quaedam vel dicta a veteribus vel scripta ab ethnicis,
etiam poetis, tam caste, tam sancte, tam divinitus, ut mihi non possim persuade-
re quin pectus illorum, quum illa scriberent, numen aliquod bonum agitaverit.
... Fateor affectum meum apud amicos; non possum legere librum Ciceronis *De
senectute, De amicitia, De officiis, De Tusculanis quaestionibus,* quin aliquoties exoscu-
ler codicem ac venerer sanctum illud pectus afflatum coelesti numine. Contra
quum hos quosdam recentiores lego de republica, oeconomica aut ethica prae-
cipientes, deum immortalem, quam frigent prae illis, imo quam non videntur
sentire quod scribunt, ut ego citius patiar perire totum Scotum cum aliquot sui
similibus, quam libros unius Ciceronis aut Plutarchi, non quod illos in totum
damnem, sed quod ex his sentiam me reddi meliorem, quum ex illorum lectione
surgam nescio quomodo frigidius affectus erga veram virtutem, sed iritatior ad
contentationem». *Convivium religiosum,* en *Colloquia,* págs. 251-252; retoco libérri-
mamente la versión de Alonso Ruiz de Virués (1529), en *Nueva biblioteca de autores españoles,* XXI, págs. 189 y sigs.

Nefalio lo confirma apuntando otro paralelo en la segunda carta de San Pedro y subrayando que en la exclamación «O praeclarum diem...» parece estar oyéndose al propio San Pablo: «Deseo ser desatado y estar ya con Cristo» (Filipenses, I, 23).

En cualquier caso, asegura Crisogloto, nada hay entre los gentiles que cuadre tanto a un cristiano «como lo que Sócrates, a poco de beber la cicuta que los atenienses le enviaron a la cárcel, dijo a Critón: 'Si Dios aprobará mis obras, yo no lo sé. Por mi parte, siempre me esforcé por agradarle, de modo que tengo la esperanza de que dé por buenos mis intentos'» (*Fedón*, 69*d*). Es entonces cuando suena el fragmento más célebre de Erasmo, la invocación a modo de letanía con que Nefalio saluda tales palabras:

Sancte Socrates, ora pro nobis![150]

Como sea, frente a la humilde serenidad con que Sócrates se pone en las manos de Dios, ¡qué penosa la muerte de tantos cristianos, unos desesperados por los escrúpulos de necios confesores, otros absurdamente confiados en supersticiones y ceremonias vanas! Hasta a morir, en suma, pueden enseñar los paganos.

Es de justicia destacar el vigor dramático del *Convivium religiosum*, pero se falsea la historia si los razonamientos que acabamos de repasar se presentan, según tantas veces se ha hecho, como distintivamente erasmianos o se escribe, por ejemplo, que «tal es la síntesis que Erasmo logra

---

[150] «—Proinde mihi nihil unquam legisse videor apud ethnicos, quod aptius quadret in hominem vere Christianum, quam quod Socrates paulo post biturus cicutam dixit Critoni. An opera, inquit, nostra sit probaturus deus, nescio. Certe sedulo conati sumus, ut illi placeremus. Est tamen mihi bona spes, quod ille conatus nostros sit bonus consulturus. ... —Profecto mirandus animus in eo, qui Christum ac sacras literas non noverat. Proinde quum huiusmodi quaedam lego de talibus viris, vix mihi tempero, quin dicam: 'sancte Socrates, ora pro nobis'». *Ibidem*, pág. 254.

entre fe y formación intelectual, entre admirar profundamente la Antigüedad clásica y sentirse conmovido por Jesucristo», dando a entender que nos las habemos con desarrollos y conclusiones privativos del holandés. En absoluto: Erasmo no hace sino recoger y acentuar, a la altura de los tiempos y de su personalidad, unos supuestos que pertenecen al patrimonio fundacional de los *studia humanitatis*. Petrarca puede brindarnos de nuevo una demostración sencilla y, opino, elocuente. Erasmo lo conocía y lo admiraba, pero era del parecer que se había quedado un tanto *démodé*[151]; y, desde luego, nunca lo consideró como un mentor de relieve en su propia formación. Por eso mismo es más sugestivo comprobar que cuesta bien poco trabajo reconstruir con textos petrarquescos, y casi punto por punto, las páginas más famosas de todo el *corpus erasmianum*.

La afirmación inicial de Eusebio, así, no dice cosa distinta que Petrarca, cuando, saliendo al paso de ciertas reticencias sobre si frecuentaba o no a los poetas y filósofos paganos, declaraba: «No hay que desdeñar ningún guía que nos muestre el camino de la salvación. ¿En qué pueden dañar al estudio de la verdad Platón o Cicerón, si la escuela del primero no solo no contradice, sino enseña y predica la fe verdadera, mientras los libros del segundo conducen derechamente a ella? ... Con la verdad divina por faro, no se corre el menor peligro». Nada hay de innovación escandalosa en suponer al autor de las *Tusculanas* inspirado por un «numen ... bonum» y aun «caeleste»: en la misma carta en que caracteriza su propia *philosophia Christi* (n. 148), el italiano evoca una «ciceroniana lex Dei» y asevera, más allá de Lactancio, que Tulio pudo al-

---

[151] «Itaque reflorescentis eloquentiae princeps apud Italos videtur fuisse Franciscus Petrarcha: sua aetate celebris ac magnus, nunc vix est in manibus, ingenium ardens, magna rerum cognitio, nec mediocris eloquendi vis». *Ciceronianus*, pág. 661.

canzarla porque se la reveló el propio Jesucristo, «Cristo quem non noverat revelante», y él la expuso tan fiel y concisamente porque lo hizo alentado por un espíritu divino, «divino aliquo spiritu instigatus». ¿Para Erasmo eran gélidos los doctores de la teología especulativa y les reprochaba no prenderlo en un fuego capaz de hacerle ser mejor, el fuego que sí le comunicaban los escritores paganos? Pues Petrarca lo había dicho del sumo pontífice de la escolástica: «He leído... todos los libros morales de Aristóteles... Con ellos, tal o cual vez me he vuelto quiza más docto, pero no mejor... Aristóteles nos enseña qué es la virtud, no lo niego; mas esos acicates, esas palabras inflamadas que apremian y abrasan el ánimo para amar la virtud y odiar el vicio, no los hay en sus libros, o son escasísimos. Quien los busque los encontrará en los latinos, especialmente en Cicerón y en Séneca, e incluso, aunque sorprenda, en Horacio...»[152]

Como a Crisogloto, pero con menos escrúpulos, también a Petrarca le habían impresionado las palabras «llenas de esperanza» del Catón ciceroniano y no vacilaba en recordárselas a los «catholici» para exhortarlos a la entereza ante la muerte, al par que se remitía a la epístola a los Hebreos (XIII, 14): «No tenemos aquí ciudad permanente...» Nefalio las concordaba con una frase del *Fedón* análoga al «desiderium ... dissolvi et esse cum Christo» de Filipenses, I, 23; Petrarca se fija en un pasaje contiguo del

---

[152] «Nemo dux spernendus est qui viam salutis ostendit. Quid ergo studio veritatis obesse potest vel Plato vel Cicero, quorum alterius scola fidem veracem non modo non impugnat sed docet et predicat, alterius libri recti ad illam itineris duces sunt? ... Illa [*sc.* lux divine veritatis] autem duce, secura sunt omnia...» (*Familiares,* II, ix, 11-13, en *Le Familiari,* I, pág. 93) «Omnes morales, nisi fallor, Aristotilis libros legi..., doctiorque his forsitan nonnunquam, sed non —qua decuit— melior factus ad me redii... Docet ille, non infitior, quid est virtus; at stimulos ac verborum faces, quibus ad amorem virtutis vitiique odium mens urgetur atque incenditur, lectio illa vel non habet, vel paucissimos habet. Quos qui querit, apud nostros, precipue Ciceronem atque Anneum, inveniet, et, quod quis mirabitur, apud Flaccum...» (*De sui ipsius et multorum ignorantia,* en *Prose,* pág. 744)

diálogo platónico, la descripción de la «vera philosophia» como «cogitatio mortis», y lo concierta con el mismo «dissolutionis desiderium» y con otros lugares paulinos. Si la concordancia llevaba al personaje erasmiano a pensar que estaba oyendo al propio San Pablo, el padre del humanismo apostillaba una antología de pasajes de Cicerón con un tajante y repetido 'creerías que quien habla es un Apóstol': «non paganum philosophum, sed apostolum loqui putes»[153].

Crisogloto enlaza el «O praeclarum diem...» catoniano con otro momento del *Fedón*. En el manuscrito de una ruda traducción medieval del diálogo, Petrarca leyó de modo particularmente cuidadoso, marcándolos con signos marginales, los párrafos en torno a «la superioridad de la muerte sobre la vida de acá, para quien vive rectamente, y la necesidad de esperar el dios benefactor que nos libere»; y, en especial, se detuvo en las mismas líneas (69*d*) celebradas por Erasmo para acotarlas con un escolio que llama la atención sobre cuanto dice «Socrates de se» y con otro que señala que de ellas proceden los elevados conceptos de Catón en el *De senectute*[154]. Ni ahí ni en parte alguna, ciertamente, prorrumpió el italiano, como Nefalio, en un «Sancte Socrates!» Pero estudiando en el *De vera religione* los capítulos donde se refiere que Sócrates incitaba a sus conciudadanos a buscar a un solo Dios y cómo luego Platón y los platónicos continuaron propagando enseñanzas aun más saludables, al llegar a la que afirma la existencia de una realidad invisible, Petrarca no supo refrenarse y acotó con entusiasmo: «Vere et sancte et pie!» Como en otra ocasión confiesa no haber encontrado nunca «nichil ve-

[153] *Familiares,* II, i, 14, 19-22, vol. I, págs. 57-58; F. Petrarca, *Invective contra medicum,* III, ed. P. G. Ricci y B. Martinelli, Roma, 1978, págs. 53-54; *De ... ignorantia,* pág. 728 (y n. 2).

[154] L. Minio-Paluello, «Il *Fedone* latino con note autografe del Petrarca», en *Accademia Nazionale dei Lincei. Rendiconti della Classe di Scienze morali...,* serie VIII, vol. IV: 1-2 (1949), págs. 107-113 (111-112).

rius nichilque sanctius» que una «celestis doctrina Platonis» sobre la continencia[155]. Tampoco caigamos, sin embargo, en la ingenuidad de tomar el «Sancte Socrates!» al pie de la letra, y no como lo que es: un aldabonazo, un *coup de théâtre,* al igual que los besos de Eusebio al libro de Cicerón, para ponderar la confluencia última de la ley natural y la revelación cristiana. Pero Petrarca, que dedicó la mayor parte de su obra a hacerla palpable, no tenía mucho que aprender de Erasmo en cuanto a recursos efectistas con idéntico fin. Pues, por ejemplo, no contento con dar por indiscutible que tanto Platón como Cicerón habrían abrazado el cristianismo, invitaba a imaginar qué hermosos sermones sonarían en las iglesias si el orador romano se hubiera efectivamente convertido...[156]

En verdad, no hubo que esperar a Erasmo, ni siquiera a Marsilio Ficino: el proceso de canonización de Sócrates se abrió en el mismo instante en que el primer humanista, fuera Petrarca o un desconocido, determinó entregarse intensamente a la exploración de la Antigüedad. En la Europa de Erasmo, Ficino, Petrarca, una dedicación absorbente, no ya a los temas, sino incluso a las formas del mundo pagano, no podía darse sin una sincera justificación —tanto íntima como pública— desde el punto de vista religioso: no eran tiempos que transigieran con errores en asuntos de fe so capa de literatura. Que en los clási-

---

[155] Comentado en F. Rico, *Lectura del «Secretum»,* págs. 116, 185-187.

[156] «...cum certus michi videar quod Cicero ipse cristianus fuisset, si vel Cristum videre vel Cristi doctrinam percipere potuisset. De Platone enim nulla dubitatio est apud ipsum Augustinum...» «Quid nunc igitur? Ciceronem ne ideo catholicis inseram? Vellem posse. Et o utinam liceret! ... haberemus ... nunc in templis, ut arbitror, Dei nostri non quidem veriora nec santiora ... at forsitan dulciora et sonantiora preconia» ('Estoy cierto de que también Cicerón habría sido cristiano, de poder ver a Cristo o conocer su doctrina. En cuanto a Platón, ninguna duda al propósito tiene el propio San Agustín...' 'Pues ¿qué? ¿Contaré a Cicerón entre los católicos? ¡Ojalá pudiera! ... tendríamos ... ahora en los templos, opino, prédicas y cantos a nuestro Dios, no más verdaderos ni más santos..., pero quizá sí más bellos y elocuentes...'). *De ... ignorantia,* págs. 760 y 728.

cos se hallaba por todas partes materia inaceptable para un cristiano, «superstitiones et nepharia sacra», «atti disonesti ... e carnali scritture»[157], era palmario. Sin embargo, si había que seguir estudiándolos, se imponía contrarrestar de algún modo tal evidencia. Un remedio harto socorrido consistió en descifrarlos según las pautas de la alegoría, para atribuirles el sentido que mejor conviniera al exegeta. Pero la solución más sensata y de mayor alcance fue hacer un tanto oídos sordos a los elementos peligrosos de los textos antiguos, como quien los deja, estratégicamente, para otro momento, y, en cambio, subrayarles los contenidos positivos: porque si como religión eran obviamente execrables, no había que forzar las cosas demasiado para dictaminar su vigencia como ética.

Una moral copiosamente ilustrada en los clásicos postula por principio una ley natural acorde con la revelada y anterior a la Redención, y de manera más o menos expresa supone, por tanto, que los gentiles, al mostrar los atributos de la una, preparan también para la otra. La naturaleza humana había sido bien creada, y Jesucristo no vino a cambiarla de sustancia, sino a renovarla, a brindarle un segundo nacimiento, perfeccionándola: «Quid autem aliud est Christi philosophia, quam Ipse renascentiam vocat, quam instauratio bene conditae naturae?» En ese sentido, el hombre es siempre el mismo, porque el Señor lo ha querido así y ha dado incluso a los paganos una luz que les permitiera distinguir las virtudes inmutables y hasta vislumbrar los vestigios del único Dios verdadero. No cabe, pues, condenar el estudio de los antiguos, pero el estudioso no podrá sino sentirse obligado, ante los demás y ante sí mismo, a insistir en que a cada paso ofrecen enseñanzas válidas para el cristiano: «permulta reperire licet in

---

[157] Textos de Boccaccio y del Beato Dominici (con distintas perspectivas) *apud* C. Mésoniat, *Poetica theologia. La «Lucula Noctis» di Giovanni Dominici e le dispute letterarie tra '300 e '400*, Roma, 1984, pág. 31.

Ethnicorum libris quae cum [Christi] doctrina consentiant». Las citas son de la *Paraclesis* de Erasmo (n. 119), pero el pensamiento, lo formulara o no, podía ser de cualquier humanista con dos dedos de frente, como lo había sido de más de un Padre de la Iglesia. Coluccio Salutati, por ejemplo, entendía que «la ley divina imprime en la mente humana la ley natural, que es regla común de los actos del hombre y nos impulsa el alma hacia lo decretado por la ley divina, inamovible y eterna»; y porque pensaba así, podía leer la *Eneida,* pongamos, descubriéndola conforme verso a verso con los dictados del Dios verdadero, «vero Deo congruentia»[158]. El cultivo serio y continuado de los *studia humanitatis* difícilmente admitía otras bases, y claro está que en ellas iban implícitos el apóstol Cicerón, San Sócrates y el «Platone, quello uomo divino» que sacaba de quicio a Savonarola[159]: era únicamente cuestión de grado (y de mañas literarias).

El santoral de apócrifos es simplemente un subproducto pintoresco: la consecuencia honda está en la actitud espiritual que esos planteamientos favorecieron. A fuerza de hacerlos suyos, en efecto, los humanistas se habituaron no solo a una larga medida de tolerancia con ideas y conductas que teóricamente no podían aprobar, sino a la búsqueda de unas constantes éticas que en última instancia unieran a los hombres, cristianos y gentiles, por encima de tiempos y fronteras. El talante de la búsqueda tenía que ser optimista respecto a la bondad última de la naturaleza humana, y el terreno de encuentro se hallaba por fuerza en generalidades un tanto vagas y, con excesiva frecuen-

---

[158] C. Salutati, *De nobilitate legum et medicinae,* ed. E. Garin, Florencia, 1947, pág. 16 («Imprimit enim divina lex humanis mentibus naturalem, que quidem communis est ratio actuum humanorum, queve mentibus nostris nos inclinat ad ea que lex illa immutabilis, divina et eterna, decernit»), y *De laboribus Herculis,* ed. B. L. Ullman, Zurich, 1951, pág. 83.

[159] *Apud* A. Huerga, *Savonarola,* Madrid, 1978, pág. 254.

cia, en un sincretismo, debilísimo en rigor histórico, impuesto por la necesidad de *faire feu de tout bois.*

Ahora bien, al razonar y al proceder así, era inevitable que toda una zona de la realidad cristiana quedara relegada a una discreta penumbra. El prurito 'profesional' del humanista lo llevaba a abultar las coincidencias con la moral de los clásicos, a costa de atenuar, tergiversar o esconder las diferencias más ostensibles o, en ciertos casos, más superficialmente religiosas. No había ninguna dificultad cuando se trataba de universales éticos como los enumerados en la *Paraclesis:* ninguna escuela antigua, ninguna «factio philosophiae», enseñó nunca que el dinero dé la felicidad; los estoicos defienden que solo el bueno es sabio; Sócrates exhortaba a no devolver las ofensas; Epicuro proclama que jamás será dichoso quien no tenga la conciencia tranquila, etc., etc. Pero la cuestión se agigantaba, hasta la inviabilidad, si Epicuro o los estoicos tenían que resultar igualmente ejemplares en otro orden de cosas que, incluso cuando no lo monopolizaba, tendía a llevarse una parte inmensa del vivir cristiano de la época: los sacramentos, los dogmas exclusivos, la liturgia, los preceptos eclesiásticos, las costumbres devotas...

Justamente porque quería hacer notorio el valor trascendente de los *studia humanitatis,* quien se aplicaba a concertarlos con la religión que de hecho profesaba había de pasar por alto o apenas rozar al vuelo esos aspectos. Muchos los pasaron tanto más decididamente por cuanto el nuevo sentido de la historia hacía más patente que era en esos entornos, y sobre todo en el de las prescripciones y la piedad, donde el catolicismo se había alejado más de la tersa sencillez del Evangelio, y por cuanto la filología les daba armas excelentes para combatir la palpable corrupción del primitivo mensaje del Salvador en el mundo contemporáneo. Como fuera, aun cuando no tomaba la vía de la denuncia y la polémica, el propósito de conciliación, postergando más o menos provisionalmente las normas positivas o las singularidades rituales de la Iglesia, tenía que dejar en la sombra y mirar con desapego toda una faceta del cristianismo, a veces tan accidental como se quiera, pero profundamente arraigada en la tradición, y, por lo mismo, privilegiar una religiosidad centrada en el «interior homo» (n. 133), reticente con instituciones y legalismos, sobria en las manifestaciones más distintivamente confesionales y volcada, en cambio, en los comportamientos éticos.

Veamos confluir ese caudal de interioridad con las venas de tolerancia, optimismo antropológico o hincapié en la ley natural que acabamos de ojear; recordemos que son todas aguas que se revuelven con las del manantial de una inextinguible pasión por Jesucristo, Dios y hombre, y tendremos cabalmente la religiosidad de Erasmo. Con la seguridad de un gran maestro, Eugenio Asensio la ha compendiado en cuatro rasgos: «el retorno a las fuentes primitivas del cristianismo, la exhortación a la lectura de la Biblia por todos los cristianos y en lengua vulgar, la superioridad del cristianismo interior sobre las exterioridades y ceremonias, la preeminencia de la oración mental sobre la vocal»[160]. Por no salir de la *Paraclesis,* podríamos reducirla aun al par de líneas donde se sueña un nuevo género de fieles que no se constriña a ceremonias y proposiciones, sino adore a Jesús en el corazón y con la conducta: «quod Christi philosophiam non cerimoniis tantum et propositionibus, sed ipso pectore totaque vita referret». O podríamos hablar simplemente de 'culto en espíritu'. En todo caso, el punto que me parece relevante destacar es que el núcleo de la religiosidad erasmiana es asimismo el núcleo de la religiosidad característica de los humanistas, según la exigía cualquier visión coherente de los *studia humanitatis* en el marco de la fe cristiana que seguía siéndoles propia e irrenunciable.

[160] En la revista *Insula,* núm. 231 (febrero de 1966), pág. 3.

Desde luego, el culto en espíritu no era ninguna invención *ex novo,* antes bien estaba perfectamente inserto en la tradición del cristianismo, y en el Cuatrocientos no faltaron corrientes que lo propugnaron con tesón. Pero ni siquiera las reminiscencias de la *devotio moderna* lo explican mejor en el Erasmo maduro que la teoría y la práctica que presiden el curso todo del humanismo. «In my beginning is my end...» *(East Coker)* Para concluir con una estampa de los albores, del espléndido amanecer en que los *studia humanitatis* hubieron de tomar posiciones que mantenían en el crepúsculo, volvamos, todavía, a Petrarca. Si un solo episodio es capaz de apuntar con brevedad y nitidez cómo se configuraba ya entonces la religión de los humanistas, quizá ninguno mejor que el centrado en uno de los rarísimos fragmentos del *Africa* (VI, 889-913) que el autor accedió a divulgar en vida.

El fragmento narra la agonía e imagina las últimas palabras de Magón, el hermano de Aníbal, cuando, herido y derrotado por los romanos, navegaba de regreso a Cartago:

... «Heu qualis fortune terminus alte est!
Quam letis mens ceca bonis! furor ecce potentum
precipiti gaudere loco...»

['«Qué mal termina, ay, la alta fortuna!
Cómo ciegan los gozos y los bienes!
Es locura del grande recrearse
en los despeñaderos prominentes...»']

Hubo quienes pensaron que las lamentaciones del moribundo no eran adecuadas a un gentil, sino que parecían propias de un cristiano, «sed quasi cristiani hominis». La réplica de Petrarca a la irritante acusación constituye un manifiesto sin desperdicio. «¿Qué es ahí cristiano», protestaba, «y no más bien humano y común a todas las gentes? ¿Qué va a haber en los instantes postreros más que

146

dolor y llanto y arrepentimiento? ... Nunca sale [en boca de Magón] el nombre de Cristo: en cielos e infiernos santo y terrible, no tenía ahí lugar, sin embargo, habida cuenta de la época; no se halla ahí ningún artículo de la fe, ningún sacramento de la Iglesia, nada del Evangelio, nada en absoluto que a un hombre que ha pasado por muchas experiencias y corre a la definitiva no puedan sugerírselo el ingenio natural y la razón innata: ¡y ojalá en ambos no nos vencieran con frecuencia esos y otros que no son cristianos! También ellos pueden reconocerse errados y pecadores, avergonzarse y dolerse, con recompensa desigual, mas con igual arrepentimiento». Cicerón y Terencio, Ovidio y Séneca, Salomón y David, todos de acuerdo, nos imponen la misma conclusión: «aunque únicamente el cristiano sabe a quién y cómo confesarse, la conciencia del pecado y los aguijones del remordimiento, el arrepentimiento y la confesión son comunes a todas las criaturas racionales»[161].

No son cortinas de humo, sino argumentos irreprochables: el poeta, escrupulosamente atenido a la *ratio temporum,* sin incurrir en el menor anacronismo, ha fiado la ejemplaridad del episodio, no, por supuesto, a ninguna declaración específicamente cristiana, sino a unas actitudes y a un lenguaje que pueden brotar en cualquier ánimo despierto. En Magón habla un sentimiento «humanum

[161] «Quid enim, per Cristum obsecro, quid cristianum ibi, et non potius humanum omniumque gentium comune? Quid enim nisi dolor ac gemitus et penitentia in extremis ...? At nusquam ibi Cristi nomen expressum quod, superis licet atque inferis sanctum ac terribile, illis tamen in literis non habuit locum, obstante temporum ratione; nullus ibi fidei articulus, nullum Ecclesie sacramentum, denique nichil evangelicum, nichil omnino quod non in caput hominis multa experti iamque ad finem experientie festinantis secundum naturale ingenium atque insitam rationem possit ascendere: quibus utinam non ab illis atque aliis sepenumero vinceremur! Potest errorem ac peccatum suum recognoscere ac perinde erubescere ac dolere homo etiam non cristianus, fructu quidem impari, penitentia autem pari... Quamvis ergo cui et qualiter confitendum sit nemo nisi cristianus noverit, tamen peccati notitia et conscientie stimulus, penitentia et confessio comunia sunt omnium ratione pollentium». *Seniles,* II, I, en *Prose,* pág. 1050.

omniumque gentium comune», como en Catón el Censor una sabiduría natural que no se confunde con la revelada, pero no solo no la contradice, sino que a la postre viene a ser confirmada por ella[162]. Perfectamente. Pero estudiemos el *De remediis utriusque fortune,* la gran obra de los años de plenitud, donde, de modo similar a Erasmo en los *Adagia,* Petrarca quiso reunir todos los tesoros morales de la Antigüedad, para que el lector los tuviera siempre a mano y pudiera sacarles partido «in vitam» (n. 51), en las más diversas coyunturas, prósperas o adversas, desde las pequeñeces de la cotidianidad a las ocasiones supremas. Pues bien, casi se diría que es a Magón a quien seguimos escuchando: solo por excepción se trata ahí de algún «fidei articulus» o «Ecclesie sacramentum». Para estar seguros de que no se nos ha ido Sócrates al cielo durante la lectura, consultemos un índice minucioso, buscando, pongamos, el sacramento de la penitencia, que los zoilos creían adivinar bajo el planto de Magón: hallaremos una sola referencia; comprobémosla en el texto: se reduce a una alusión de una línea[163]. Preguntémonos, en cambio, por los temas mejor representados y recurramos otra vez al índice: las entradas más extensas son *amistad, codicia, moderación, orgullo, riqueza...,* pero nos bastaría advertir que la que vence a todas es *virtud.*

Así, pues, al componer el libro que en muchos aspectos resumía toda su actividad intelectual, un libro que pretendía pasar revista a todas las circunstancias de la vida, el piadosísimo Petrarca dejaba deliberadamente al margen cuanto tuviera que ver con una serie de creencias y prácticas de máximo relieve para un cristiano y se confinaba en

---

[162] F. Petrarca, *De viris illustribus,* XXII («Cato»), 2, ed. Guido Martellotti, Florencia, 1964, pág. 313.

[163] C. H. Rawski, ed., *Petrarch's Remedies for Fortune Fair and Foul,* Bloomington, 1991, vol. V, pág. 107; *De remediis,* I, XLVI, en *Opera,* I, pág. 58: «melior sane tutiorque confessio quam professio: illa enim humilitatis et penitentie, hec levitatis et insolentie plena est».

los asuntos de ética que los clásicos permitían iluminar con la «sapientia» dada por la mera naturaleza, la «comunis hominum sapientia». En el «poeta et historicus» del *Africa,* todavía indeciso a más de un propósito, lo habríamos achacado al estricto mimetismo que le vedaba incluso mentar el nombre de Jesucristo y le movía a sustituirlo por una de las perífrasis («superum ... decus») ridiculizadas en el *Ciceronianus:* porque, como no tardó en deplorar, obrar de otra forma se le antojaba entonces un pecado contra el «mos veterum», una contravención de estilo. Pero en el «philosophus» del *De remediis* la situación es ya enteramente distinta. Aquí, además, nadie podría decir que no hay «nichil evangelicum». Por el contrario, la palabra de Dios resuena ahora por todas partes, precisamente para mostrar que la «terrena philosophia» de los antiguos está corroborada por la «celestis philosophia» de la Salvación[164].

Es, pues, en parte, una táctica poco menos que de apologista (tanto de los *studia humanitatis* ante la religión como, teóricamente, viceversa) la que invita a Petrarca a concentrarse en la *virtus* y sus aledaños, mientras vela con un prudente silencio los dogmas o las rutinas inequívocamente confesionales: la táctica de ceñirse al terreno en que la concordia de clásicos y cristianos era más hacedera y la batalla podía ganarse con mayor facilidad. Pero hay bastante más. Deslindar los campos equivalía a restringir la importancia del uno y, al dar realce al otro, reencontrar en él valores durante demasiado tiempo impropiamente

---

[164] *Rerum memorandarum libri,* III, XXXI, 1, ed. Gius. Billanovich, Florencia, 1945, pág. 124; *Africa,* I, 11; *De vita solitaria,* en *Prose,* pág. 588-590 («Dulce autem michi fuit, preter morem veterum quos in multis sequi soleo, his qualibuscunque literulis meis sepe sacrum et gloriosum Cristi nomen inserere...» 'Dulce me ha sido, frente a los antiguos a cuyos usos tanto me sujeto, traer a menudo a estas paginillas mías, valgan lo que valieren, el sagrado y glorioso nombre de Cristo...'); e *Invective contra medicum,* págs. 56-57, comentados en el capítulo final de F. Rico, *La formazione del «Secretum» e l'umanesimo petrarchesco,* Padua, en prensa.

preteridos. En un primer momento, podían ser solo las constricciones de la *imitatio* y las conveniencias de la polémica las que inclinaran a aminorar el papel de ritos y mitos. Pero el desplazamiento de la perspectiva conducía en seguida a advertir más claramente los obvios excesos del catolicismo medieval y a privilegiar una religiosidad más vuelta hacia la sinceridad de la actitud interior y hacia el testimonio sólido, en la conducta, en las obras, de un auténtico espíritu de caridad. Tal es la religiosidad del *De remediis* y tantas otras páginas del Petrarca «philosophus»; y porque en tal dirección, y con extrema pujanza, empujaba el designio de justificar los *studia humanitatis* en las coordenadas de la fe, tal es asimismo la religiosidad propia del humanismo, que Erasmo expande, articula y pregona con más dedicación y con «affectus» más emocionados que cualquier humanista anterior.

A los contemporáneos no se les ocultó esa línea de continuidad y desarrollo en tonos, talantes y temas, ni siquiera en cuanto atañe a las afinidades entre el italiano y el holandés. En España, por ejemplo, la suerte del *De remediis* es paralela a la de Erasmo, con ella cobra más fuerza que nunca y con ella se apaga, en los mismos ambientes, entre los mismos traductores. No es dudoso que tanto en el original como en la versión de Francisco de Madrid, no menos de seis veces impresa entre 1510 y 1534, los erasmistas paladearon infinidad de coincidencias con su ídolo, leyendo en clave de actualidad la censura de los Papas modernos, las invocaciones a la paz (y cómo no iban a unirse en un pacifismo de raíz quienes creían por encima de todo en los poderes del lenguaje: «unum michi telorum genus»[165]), la imagen del buen emperador, tantos motivos

---

[165] «Certe ego, qui in tantis motibus non moveri nequeo et diversis affectibus, amore, metu, spe, unum pectus urgentibus secumque certantibus, pace animi careo, iusta me reprehensione cariturum credidi, si cum hi silvas in classem traherent, hi gladios acuerent ac sagittas, illi muros ac navalia communirent, quod unum michi telorum genus erat, ad calamum confugissem, non belli auc-

y puntos de vista. Pero en primer término tuvieron que
captar y estimar las esencias religiosas de Petrarca: el cristianismo hondo, rebosante de buen sentido, que aspira a
convocar a todos los hombres; la piedad modelada en
Cristo, «devoto ... animo», sin vanas ceremonias, «bonis
operibus affluentior», alimentada en la Biblia y los Padres,
definida como «sapientia». La «religio optima ac perfecta», en suma, que el *De remediis,* a zaga de San Agustín, en
quien Petrarca había perseguido las huellas del «homo novus interior et celestis», comprimía en un capítulo donde
la Escritura y Lactancio conviven con Hermes y Ascle-
pio[166]. Entre el Trescientos y el Quinientos, mucha agua
—nuevos textos, instrumentos, inquietudes, realidades—
había corrido bajo los puentes. Pero las fortunas del *De remediis* y las fortunas de la *philosophia Christi* podían ir de la
mano, porque en sustancia Erasmo estaba en Petrarca.
«...In my end is my beginning».

X

Podemos y debemos acabar. Nunca después de Erasmo un designio análogo al suyo volverá a tener tanta repercusión: nunca otra vez moverá tantas voluntades la esperanza de dar una respuesta cabal a los problemas del
mundo contemporáneo, renovando profundamente la sociedad y las conciencias, gracias a un programa inspirado

tor, sed suasor pacis» ('Yo, desde luego, que en medio de tanta agitación no puedo no estar agitado y he perdido la paz del ánimo con los afectos encontrados,
amor, miedos, esperanza, que me oprimen el pecho luchando entre sí, he creído
librarme de justos reproches, si, mientras unos transformaban los bosques en
una armada y otros afilaban espadas y saetas o fortificaban murallas y arsenales,
me refugiaba en la única arma que yo tenía, la pluma, no para llamar a la guerra, sino para persuadir a la paz'). *Familiares,* XI, VIII, 33, en *Le familiari,* II,
pág. 348.

166 *Apud* F. Rico, «Cuatro palabras sobre Petrarca en España (siglos XV
y XVI)», en Accademia Nazionale dei Lincei, *Convegno Internazionale Francesco Petrarca,* Roma, 1976, págs. 49-58.

en los *studia humanitatis.* Quizá nada dice mejor las ambiciones del humanismo que la inmensidad del proyecto erasmiano, ni nada muestra más palpablemente sus debilidades que los destinos de esa ilusión. A corto plazo, demasiado sabemos que los ideales de tolerancia, concordia y fraternidad operante que el holandés había predicado sucumbieron en los campos de batalla, en las cancillerías, en los concilios y conciliábulos de uno o de otro signo. A largo plazo, creeríamos reconocer la religiosidad de Erasmo en muchas páginas escritas dos siglos más tarde, pero tampoco se nos oculta que las constantes éticas que él persiguió como terreno de entendimiento entre todos los hombres se conjugaban con un espíritu cristiano que el Siglo de las Luces tendía a extinguir alegando precisamente «que la morale n'est point dans la superstition, elle n'est point dans les cérémonies..., la morale est la même chez tous les hommes qui font usage de leur raison»[167]: el laicismo estratégico, instrumental, de los humanistas se volvía autónomo en los ilustrados, la Razón desplazaba a Cristo. El tiro había salido por la culata.

Las ambigüedades que hicieron tan fugaz el mensaje de Erasmo tienen abundantes paralelos en la trayectoria del humanismo. En particular, nadie puede servir a dos señores. Los humanistas nunca llegaron a resolver por completo la tensión entre autoridades y experiencias, entre fidelidad al pasado e implicación en el presente. Con el oportunismo de lo *aptum,* con los cambiantes rostros del retórico, Erasmo, como Petrarca, como tantos otros, sacrificó demasiadas veces el rigor a la concordia, plegando la interpretación de los textos clásicos a la conveniencia de defenderlos como ética y aun teología[168]. Oíamos a Va-

[167] Voltaire, *Dictionaire philosophique,* ed. J. Benda y R. Naves, París, 1961, pág. 326, *s. v.* «Morale».

[168] Anthony Grafton, «Renaissance Reader and Ancient Texts», en *Defenders of the Text* (n. 89), págs. 22-46.

lla afirmar que «el pueblo habla mejor que el filósofo» y cifrar la norma del lenguaje en la costumbre y el significado en el uso (págs. 36 sigs.); pero el *populus* en cuestión no estaba en la Roma antigua ni en la del siglo xv, la *consuetudo* suponía una construcción ideal que acoplaba y fosilizaba prácticas de dispar procedencia presentándolas como perpetuamente válidas, y el *usus* resultaba ser más prescriptivo que descriptivo[169]. Esos mismos criterios conllevaban una llamada a la realidad que forzosamente había de recogerse en la creación literaria; y, cierto, los humanistas libraron una guerra sin cuartel contra las demasías de la imaginación medieval y propugnaron una poética de la verosimilitud, la racionalidad y el sentido común: «adsint... verisimile, constantia et decorum...»[170] Pero no podían llevar hasta el final tales exigencias, porque se lo vedaban el latín y la *imitatio:* y por muchos frutos que dieran en la lírica o en el ensayo, se les escapó el género arquetípico de la modernidad, y la novela y poco menos que toda la gran literatura de ficción se hicieron en vulgar.

No puede sorprendernos, pues, que la ambigüedad presida también la entera parábola del humanismo. Un simple vistazo a la Europa de 1536, cuando Erasmo se apaga en Basilea, basta para descubrir, en efecto, una cultura sustancialmente diversa de la predominante cien años atrás, mientras Valla trabajaba en las *Elegantiae*. En el pensamiento y en la ciencia, en las artes y en las letras, en las doctrinas políticas, en el derecho, como en otras múltiples disciplinas y también formas de vida, las singularidades más dignas de nota, las que marcan las direcciones más originales, muestran una deuda decisiva con los *studia humanitatis*. Nos consta, sin embargo, que ese panorama

[169] Lucia Cesarini Martinelli, «Note sulla polemica Poggio-Valla e sulla fortuna delle *Elegantiae*», *Interpres*, III (1980), págs. 29-79; y Mirko Tavoni, *Latino, grammatica, volgare. Storia di una questione umanistica*, Padua, 1984, págs. 117-169.

[170] Juan Luis Vives, *Veritas fucata, sive de licentia poetica*, en *Opera*, II, pág. 529, comentado en *Lazarillo de Tormes*, ed. F. Rico, Madrid, 1987, págs. 62*-63*.

tan rico en novedades no solo está lejos de ser una concreción satisfactoria del sueño del humanismo, sino que en muchos aspectos únicamente pudo alcanzarse a costa de renunciar a él, a costa de despertar.

Los ingredientes de artificialidad y *wishful thinking*, de estilización e ilusoriedad, habían sido tantos, que la reacción más seria vino irremediablemente del lado de la búsqueda de certezas; y si el acento se había puesto en el trivio, ahora se trasladó al cuadrivio. Para disponer de un punto de referencia cómodo, volvamos por un instante a los días de las *Castigationes Plinianae* (arriba, págs. 95 sigs.). Ermolao Barbaro estaba convencido de que Plinio no se había engañado sino por rarísima excepción y de que las equivocaciones que se encontrasen en la *Naturalis historia* eran justamente los estragos de copista que él se proponía sanar. En el mismo 1492, Niccolò Leoniceno, profesor de medicina en la universidad de Ferrara, mantenía que las inexactitudes de Plinio, por el contrario, eran tantas como para colmar no ya los dieciocho folios *De Plinii ... erroribus* que por el momento publicaba, sino todo un grueso volumen, y tan graves, al confundir la nomenclatura de ciertas sustancias farmacológicas, que ponían en peligro «la salud y la vida de los hombres»[171]. Los dos tenían razón, parte de razón: el filólogo tuvo que concedérsela al médico más veces que hubiera querido y el médico comprobó otras como el filólogo restauraba un pasaje que él daba por falso de raíz.

Lo que me interesa subrayar aquí es que las dos posturas heredan el sueño del humanismo y ninguna lo realiza. La confianza de Barbaro al poner al autor antiguo por encima del error respondía en definitiva al talante originario del movimiento, explicable en un estadio en que el

---

[171] *Apud* C. G. Nauert, Jr., «Humanists, Scientists, and Pliny: Changing Approaches to a Classical Author», *The American Historical Review*, LXXXIV (1979), págs. 72-85 (83).

mero hecho de leer correctamente a los clásicos, apro-
piándose las noticias olvidadas que allegaban y ensayando
las perspectivas que sugerían, significaba, en efecto, añadir datos preciosos a la comprensión y la conquista de la
realidad: depurar el texto de la *Naturalis historia* era entonces, sin duda, entender mejor y saber más sobre la naturaleza. Sin esa fe en principio ciega, lo demás no habría sido
posible. Pero sin la ruptura con Plinio que implicaba la
actitud de Leoniceno tampoco se podía ya aspirar cuerdamente al objetivo que los humanistas esperaban de Plinio,
al ideal de una nueva civilización que los había movido a
ellos a rescatar, comentar y difundir los libros de los antiguos. Porque el filón grecolatino tenía unos límites. Con
Plinio y las herramientas de Barbaro, no cabía ir mucho
más allá de donde estaban las cosas en 1492. Quien se in-
teresara fundamentalmente por Plinio era dueño de eter-
nizarse sobre tal o cual lugar difícil; a quien le importara
la materia tratada por Plinio, una vez aprendidas las grandes lecciones de la *Naturalis historia*, se le imponía tomar
otros rumbos.

Fue Pandolfo Collenuccio, más próximo no obstante
a Barbaro que a Leoniceno, quien los señaló con mayor
claridad, al insistir en que las cuestiones en debate no se
resolvían con autoridades y diccionarios griegos, sino en
los campos y en los bosques, con la observación y la experimentación directa[172]. No era todavía el sarcasmo de Galileo a propósito de quienes pretenden «hallar la verdad
no en el universo ni en la naturaleza, sino en el cotejo de
textos»[173]. Pero el desplazamiento del énfasis, de la *Naturalis historia* —podríamos resumir— a la historia natural, sí
constituye un nítido anuncio de que las nuevas orientaciones intelectuales, en los dominios que más resuelta-

---

[172] Lynn Thorndike, *A History of Magic and Experimental Science*, Nueva York,
1923-1958, vol. IV, pág. 598.
[173] *Apud* E. Bellone, *Il sogno di Galileo. Oggetti e immagini della ragione*, Bolonia,
1980, pág. 18.

mente iban a transformar la imagen y la realidad del mundo, no solo no saldrían ya de los *studia humanitatis,* como durante más de un siglo había ocurrido, sino que en buena medida consistirían en una rebelión contra los *studia humanitatis.* Porque el máximo común denominador de esas nuevas orientaciones no está tanto en las propuestas positivas, que se extienden en un abanico heterogéneo desde el empirismo al escepticismo, cuanto en la negación de la idea, central en el humanismo, de que las letras antiguas son «omnis scientie fundamentum» y los maestros clásicos han de brindar la vía mayor «ad omnem sapientiam» (arriba, págs. 19 y 21).

Por supuesto, incluso quienes sustentaban tal negación siguieron beneficiándose del hallazgo de obras griegas antes ignoradas; los filólogos clásicos, y el gigantesco Escalígero más que ninguno, siguieron haciendo contribuciones a otros terrenos desde la parcela que les era propia; Justo Lipsio, con indignación de Escalígero y entusiasmo de muchos otros, quiso dirigir enteramente el estudio de la Antigüedad a las enseñanzas que pudieran extraer los modernos, y en primer término los militares y los hombres de estado. Ni que decirse tiene que las resonancias de los poetas, los historiadores o los filósofos de Grecia y de Roma continuaron siempre oyéndose *un peu partout.* Sin embargo, por infinitamente copiosos que fueran esos ecos, eran también dispersos, ocasionales, caprichosos: la pervivencia de muchos elementos de la tradición clásica no puede entenderse como pervivencia del humanismo, y menos del humanismo en tanto paradigma de toda la cultura.

Al par que el ocaso de la *philosophia Christi* modelada en la *eloquentia,* el mismo Erasmo llegó a ver cómo los *studia humanitatis* iban perdiendo la función de vanguardia que durante tantos años habían desempeñado en la batalla del conocimiento («Certemus, quaeso, honestissimum hoc pulcherrimumque certamen»...), consumiendo el tesoro de textos y enfoques que permitió renovar con unos cuantas maniobras geniales el caudal de saberes y experiencias en circulación, dejando de ser la estrella de Belén que conducía al nacimiento de un mundo más rico y más hermoso. Como filología, se quedaban en una disciplina más; en la escuela, de núcleo que habían sido, pasaban a ornamento; al presionar sobre la literatura y las artes, las empujaban al precipicio del academicismo... No parece justo, reiterémoslo, llamarlo derrota, porque eran los propios *studia humanitatis* quienes habían llevado a tal situación: la grandeza del humanismo reside precisamente en haber abierto tantos caminos, que a partir de un cierto momento ya no pudo seguir recorriéndolos por sí mismo, con los planteamientos que le eran propios, y tuvo que ceder el paso a otros. Como ese momento sonó en Italia más temprano, porque era culminación de un itinerario también más largo, obraba cuerdamente un Poliziano al replegarse a la fortaleza de la *Altertumswissenschaft:* allí podía salvaguardar mejor la serie de métodos históricos y literarios que a esa altura era ya la contribución de los humanistas destinada a una perduración más prolongada al precio de menos cambios.

Para los nuevos exploradores, ir más allá que el humanismo suponía inevitablemente volverse contra el humanismo. Cuando leemos las ironías de un Descartes o un Bacon sobre cómo el *advancement of learning* fue obstaculizado porque los humanistas «began to hunt more after words than matter»[174], la protesta se nos viene en seguida a los labios: no eran esos, en absoluto, los propósitos que habían puesto en marcha el movimiento, aunque ahí se detuvieran frecuentemente las rutinas de los profesores y las pretensiones de los esnobs. ¿O acaso el pensamiento de Descartes o Bacon hubiera sido posible sin llevar a cuestas

---

[174] Francis Bacon, *The Advancement of Learning and New Atlantis,* ed. A. Johnston, Oxford, 1974, pág. 26 (IV, 2).

FINAL

todas las aportaciones de los *studia humanitatis*? Al frente del admirable *Quod nihil scitur* (1581), Francisco Sánchez invita a no esperar de él un lenguaje elaborado: «Si te apetece, pídeselo a Cicerón, que es lo suyo... Las palabras bonitas están bien en los oradores, los poetas, los cortesanos, los enamorados, las rameras, los alcahuetes, los parásitos y demás de la misma calaña, que necesitan hablar bellamente para conseguir lo que se proponen: a la ciencia le basta —mejor: le es preciso— hacerlo con propiedad, cosa incompatible con semejante lenguaje». Pero ¿dónde sino en la retórica antigua la *proprietas* se había proclamado como primer requisito de cualquier discurso? «No me pidas tampoco —prosigue Sánchez— que alegue muchas autoridades ni me incline ante los autores, porque eso es más de un ánimo servil y sin formar que de un espíritu libre que va tras la verdad. Seguiré sólo a la naturaleza de acuerdo con la razón. La autoridad ordena creer: la razón da pruebas...»[175] Pero sin los *Academica* de Cicerón, sin la versión de Sexto Empírico publicada por Henri Estienne (1562), ¿habría llegado jamás Sánchez a concluir 'que nada se sabe'? ¿O hubiera Montaigne compuesto los *Essais*?

No, las acusaciones de los padres de la nueva epistemología pocas veces se sostienen si se toman punto por punto y a la letra. Erróneas una a una, en conjunto sí resultan válidas, en cambio, porque lo que estaba en juego

[175] «Non igitur a me comptam et positam expectes orationem. Darem quidem si vellem, sed labitur interea veritas, dum verbum pro verbo supponimus ambagibusque utimur: hoc namque est verba dare. Si id vis, pete a Cicerone, cuius hoc munus est. Sat enim pulchre dixero, si sat vere. Decent bella verba rhetores, poetas, aulicos, amatores, meretrices, lenones, adulatores, parasitos et his similes, quibus belle loqui finis est: scientiae sufficit proprie —immo necessarium est—, quod tamen cum illo stare non potest. Nec a me postules multorum autoritates aut in autores reverentiam, quae potius servilis et indocti animi est quam liberi et veritatem inquirentis. Autoritas credere iubet, ratio demonstrat...» Francisco Sánchez, *Quod nihil scitur,* ed. S. Rábade *et al.,* Madrid, 1984, págs. 58-60.

no eran los innumerables logros obtenidos por los humanistas, sino la conveniencia de abandonar los clásicos y la filología o la *eloquentia* en tanto punto de partida y vía principal de la investigación. Los frutos seguían frescos, pero las raíces del humanismo les parecían a los pioneros de la modernidad definitivamente agostadas. El espléndido árbol de los *studia humanitatis* se había hecho pedazos. En la lengua y la literatura antiguas, no se veía ya la savia, sino, demasiado a menudo, la hojarasca, y, en el mejor de los casos, las flores: la parte más hermosa, pero también la más débil.

EXCURSO

Laudes litterarum:
Humanismo y dignidad del hombre
en la España del Renacimiento

A don Julio Caro Baroja

En el otoño de 1520, el día de San Lucas, Juan de Brocar inauguró el curso académico en Alcalá de Henares pronunciando una *Oratio paraenetica,* una invitación panegírica a la gramática, ante el claustro y los estudiantes de la Universidad[1]. Era vieja costumbre europea abrir el año escolar, el 18 de octubre, con una *prolusio* en alabanza de las artes liberales y las restantes enseñanzas profesadas en el *studium.* Por otro lado, en el Renacimiento tuvieron especial relieve las *praelectiones* o discursos previos a la explicación específica de una asignatura o un texto[2].

[1] *Oratio ad Complutensem universitatem habita in principio anni scolastici,* Alcalá de Henares, Arnao Guillén de Brocar, 1521. El nombre del autor aparece sólo en la epístola dedicatoria (a Francisco Ruiz, obispo de Avila); en cabeza del discurso se lee *Oratio paraenetica, hoc est, exhortativa...* Adviértase que respeto la ortografía (pero no la puntuación) de los autores citados, prescindo de todo dato biográfico y mis referencias a la bibliografía secundaria son meramente indicativas.

[2] Vid. K. Müllner, *Reden und Briefe italienischer Humanisten* [1889], ed., bibliogr. e índices de B. Gerl, Munich, 1970; R. Sabbadini, *Il metodo degli umanisti,* Florencia, 1920, págs. 35-38; C. Trinkaus, «A Humanist's Image of Humanism: The Inaugural Orations of Bartolommeo della Fonte», *Studies in the Renaissance,* VII (1960), págs. 90-147, y en su libro *The Scope of Renaissance Humanism,* Ann Arbor, Michigan, 1983, págs. 57-87; I. Maïer, *Ange Politien. La formation d'un poète humaniste (1469-1480),* Ginebra, 1966, págs. 45-46; M. Cortesi, «Alla scuola di Gian Pietro d'Avenza in Lucca», *Quellen und Forschungen aus italienischen Archiven*

163

Prolusiones y *praelectiones* tendían a estructurarse en forma de *divisiones philosophiae:* las primeras, ciñéndose en buena medida a la organización de los ciclos y facultades universitarias; las segundas, subrayando la situación del tema o la obra dentro del conjunto del saber. La *Oratio* de Juan de Brocar combina claramente ambos esquemas (en una mezcla, por supuesto, familiar en la época) y no insiste demasiado en el elogio general de las ciencias, pero tampoco lo evita, al hilo de un propósito múltiple, perfectamente establecido: discurrir sobre el valor de la gramática y sobre las demás disciplinas en cuanto inseparablemente unidas a la gramática, para mostrar, por fin, cuánto se equivocan quienes no estiman debidamente la una e intentan avanzar en las otras[3].

Según Brocar, la gramática —depósito de las tres lenguas de la Iglesia: hebrea, griega y latina—, la «res litteraria», es tan esencial para los que estudian las cosas divinas como para los ocupados en las artes liberales, «libero homine dignae». Si ella pereciera, perecerían todos los saberes que mejoran nuestra vida y se apagaría el esplendor de las letras sagradas que nos instruyen en la religión. Sin la gramática, por ejemplo, es imposible entender la Biblia, llena de alusiones y nombres cuya comprensión exige varia experiencia y universal lectura de los clásicos. Sin la gramática, resultan igualmente ininteligibles las

---

und Bibliotheken, LXI (1981), págs. 109-167; L. Gualdo Rosa, *La fede nella «paideia».* *Aspetti della fortuna europea di Isocrate nei secole XV e XVI,* Roma, 1984, págs. 3-4, etc.; y compárese, por ejemplo, J. V. Mehl, «Hermann von dem Busche's *Vallum humanitatis:* A German Defense of the Renaissance *studia humanitatis»,* *Renaissance Quarterly,* XLII (1989), págs. 480-506. Para la Península, cf. sólo M.ª João Fernandes, *A oração sobre a fama da Universidade* (1548), ed. J. Alves Osório, Coimbra, 1967, págs. 111-117, 175-176; A. da Costa Ramalho, *Estudos sobre a época do Renascimento,* Coimbra, 1969, págs. 78-82; y sobre todo, Juan F. Alcina Rovira, «Poliziano y los elogios de las letras en España (1500-1540)», en *Humanistica Lovaniensia,* XXIV (1976), págs. 198-222.

[3] «Neque aliorum via insistam, qui superioribus anni principiis circa disciplinarum laudes versati sunt, cum ab illis et per seipsas satis laudatas existimem, neque penitus illorum vestigia effugiam. Dicendum est enim de utilitate simul et necesitate rei litterariae, quam graeci *grammaticen* dicunt, deque omnibus aliis scientiis, quas natura ita rei litterariae coniunxit ut ab ea non separentur; deinde quomodo in omni disciplina omnes errent qui grammaticen contemnunt» (fol. A 11).

ciencias que conducen a la acción y las que desembocan en la contemplación. Brocar presenta un impresionante repertorio de casos en los cuales la ignorancia de la gramática ha sido fuente de error para médicos, jurisconsultos, teólogos, incapaces de interpretar correctamente a Celso, el Digesto o las Escrituras. Ninguna disciplina «humanae vitae commodior», ninguna más apropiada al hombre que la gramática. Los españoles superan a todos los pueblos «viribus animi»: ¿por qué habrán de dejarse vencer en ingenio y arte? Para conseguir la victoria, también ahí, el precepto de Brocar no ofrece dudas: partiendo de la gramática, hay que vincular «sapientia» y «eloquentia»; leer a poetas, historiadores y dramaturgos; cultivar, en suma, el «sermo latinus», vía a todas las artes y todas las ciencias.

La genealogía y la posición intelectual de la *Oratio* se pueden averiguar fácilmente. Un dato anecdótico nos pone en seguida sobre la pista. La *prolusio* de 1520 era misión que correspondía a Antonio de Nebrija, «bonarum litterarum praesidium»; pero el maestro, inmerso en trabajos de mayor enjundia, confió el encargo al «praeceptor» de Juan de Brocar, y ese anónimo personaje se lo encomendó al jovencísimo discípulo. Brocar se preparó laboriosamente para la tarea; y el fruto de tal esfuerzo gustó tanto a Nebrija, que movió al padre de Juan («Arnaldus Guillermus, typicae artis vir dissertissimus») a imprimir la *Oratio* rápidamente.

No sorprende el entusiasmo del glorioso humanista ante la primicia del aprendiz. Porque la *Oratio* está escrita bajo la inspiración esencial de Nebrija, refleja fielmente la actitud del Nebrija maduro y aun resume la trayectoria de Nebrija. Juan de Brocar es básicamente un portavoz[4], y, de hecho, la *Oratio* consiste en un mosaico de citas y reminiscencias tácitas de Nebrija. Definiciones y principios provienen, por ejemplo de las *Introductiones* y de la *repetitio* segunda, *De vi ac potestate litterarum*; ilustraciones y fraseología se toman, entre otros, del *Dictionarium*, la

---

[4] Por lo menos desde Guarino de Verona, era corriente que la *prolusio* o *praelectio* compuesta por el profesor fuera declamada por un alumno, como ejercicio de *memoria* y *actio*: así ocurre (por no salirnos de los discursos aquí considerados) con la *Oratiuncula*, de Maldonado, y la *De scientiarum... laudibus*, de Decio. No es necesariamente nuestro caso, pero Juan de Brocar nos recuerda por fuerza esa extendida práctica.

Apología, la *Tertia Quinguagena*, el *Lexicon* de medicina, etc. Nebrija aparece ahí como modelo excelso del «grammaticus», y ese título nobilísimo se le adjudica con las mismas palabras con que lo reivindicaba él y con una evocación, idéntica a las suyas, de la primera etapa de la lucha que sostuvo contra la barbarie, para expulsar «ex nostra Hispania caeterisque nationibus Ebrardos, Pastranas, Alexandros atque alios grammatistas litteratores»[5]. Mas es sabido que a la primera etapa siguió el momento de plenitud, descrito por el propio Nebrija como una invasión en los dominios de otros saberes sin abandonar la perspectiva peculiar del filólogo, «tamquam grammaticus». La cima de pareja empresa fue la compilación de una serie de vocabularios dedicados a la explicación o *enarratio* de textos de derecho, medicina y Sagrada Escritura[6]. Pues bien, no otro programa expone Brocar: una vasta imagen de la gramática como clave de todas las disciplinas, de extraordinaria trascendencia para el derecho, la medicina y los estudios sacros. Un programa que entronizaba la gramática en el corazón no ya de Alcalá (la Alcalá del *gymnasium* y de la academia bíblica)[7], sino de la nueva cultura española.

[5] Cf. F. Rico, *Nebrija frente a los bárbaros. El canon de gramáticos nefastos en las polémicas del humanismo*, Salamanca, 1978.

[6] E. A. de Nebrija, *Léxico de derecho civil*, ed. C. H. Núñez, Madrid, 1944, págs. 20 y 22 («Itaque post iuris civilis vocabularium dabimus id quod ad medicinam confert, deinde quod ad utriusque Instrumenti [es decir, 'del Viejo y del Nuevo Testamento'] multarum rerum earumque difficillimarum cognitionem maxime est conducibile...»). Nótese que las disciplinas a que atienden los vocabularios en cuestión son las que estructuraban las facultades universitarias de la época: artes, derecho, medicina y teología (cf. «Un prólogo al Renacimiento español...», citado arriba, pág. 131, n. 143). También Valla, singularizando las mismas materias, deja claro que el programa del humanismo no reivindica solo la gloria, sino también el poder, no solo el saber, sino la universidad, las instituciones (vid., por ejemplo, el prólogo al libro IV de las *Elegantiae*, en *Prosaori latini del Quattrocento*, pág. 622). O compárense los planteamientos de Nebrija y Brocar con la observación de Giovanni Tortelli: «nisi aequo longior essem, complura possem in medium exempla aferre, quibus facile cognosceretur quot ex huiusmodi artis [grammatice] negligentia in poetis, oratoribus et historicis quotidie errores insurgunt, quot in iure civili medicinaeque arte et caeteris facultatibus interpretationes ineptissimae singulis afferuntur diebus» (*Ortographia*, Venecia, 1493, fol. a II).

[7] Sobre las investigaciones escriturísticas de Nebrija, M. Bataillon, *Erasmo y España,* trad. A. Alatorre, México, 1966, págs. 24-37; *Nebrija frente a los bárbaros,*

La doctrina y el lenguaje de Nebrija y Brocar no pueden sino evocarnos la *praelectio* más hermosa del Renacimiento, la *Lamia* de Poliziano (1492), allá donde pinta briosamente al «grammaticus» (que no «grammatista» ni «litterator») como el sabio a quien compete examinar y elucidar «omne scriptorum genus, poetas, historicos, oratores, philosophos, medicos, iureconsultos» (arriba, pág. 77, n. 70). No se trata, sin embargo, de un préstamo del florentino, porque el sevillano venía haciendo proclamaciones similares desde años antes de la *Lamia,* ni los horizontes de la *Oratio,* en última instancia, tienen tanto que ver, aun asumiéndola por entero, con la aristocrática filología de Poliziano cuanto con la *eloquentia* 'anexionista' de Valla[8]. Es la actitud cuya formulación clásica hemos leído antes (págs. 19 sigs.), pero que ahora vale la pena recordar en una obrita precisamente del mismo género de las que nos ocupan aquí, la *prolusio* que el autor de las *Elegantiae* pronunció un día de San Lucas de 1455, en Roma, para cantar de nuevo egregiamente el poderío del latín. Porque la fortuna de las ciencias, insiste Valla, es inseparable de la fortuna de la lengua latina: si la una decae, decaen las otras («necesse erat corruere... cum ea cunctas disciplinas»). Por eso, incluso en los lugares que no han vuelto a la barbarie, como Asia y África, nada de valor se ha producido tras el declinar del Imperio: «post collapsum imperium quis in grammatica, dialectica, rhetorica nisi nugas scripsit, quis orator hoc dignus nomine extitit, quis historicus, poeta, iurisconsultus, philosophus, theologus ulli veterum comparandus?»[9]. No de otra evidencia surge la constante receta de Valla: la conversión del «ars grammatica» en núcleo de la actividad intelectual, desde los rudimentos hasta la teología y la exégesis de la Biblia.

págs. 62-72; J. H. Bentley, *Humanists and Holy Writ. New Testament Scholarship in the Renaissance,* Princeton, 1983, págs. 70-91; C. Gilly, «Una obra desconocida de Nebrija contra Erasmo y Reuchlin», en el colectivo *El erasmismo en España,* Santander, 1986, págs. 195-218. Sabias noticias sobre el biblismo humanístico en Alcalá, en E. Asensio, «Cipriano de la Huerga, maestro de fray Luis de León», en *Homenaje a Pedro Sáinz Rodríguez,* III (Madrid, 1986), págs. 57-72.

8 Para la línea divisoria entre ambas posturas, basten las rápidas consideraciones que quedan atrás, págs. 88-89.

9 *Oratio... habita in principio sui studii die XVIII octobris MCCCLV,* ed. M. J. Vahlen, en *Opera omnia,* ed. E. Garin, Turín, 1962, vol. II, págs. 281-286 (284).

No dudemos en llamar «humanismo» al común denominador en el pensamie~to de Valla y Poliziano, Nebrija y Brocar,
pese a la obvia di⸻d de contextos. «Humanismo» es palabra moderna y s⸻pleos polémicos. «Humanista» es
palabra de hac⸻rda, vulgar, cargada incluso
de sentido p⸻ usada por los mismos
que recibía⸻ (arriba, pág. 78). Sin
embargo,⸻ıa de Nebrija y Brocar,
podemo⸻ımanismo» (aunque no sin
distin⸻una valoración positiva de
los ⸻erae humaniores» o «politio-
res⸻as de humanidad», «humanas».
Tras ⸻dera de tales sintagmas, al arrimo de Isc⸻Quintiliano, se alberga no sólo la
profesión del ⸻, del experto en filología antigua,
sino igualmente el ⸻ue justifica la figura del «humanista».
Un ideal que propone como fundamento de toda educación la
expresión correcta y la comprensión completa de los clásicos;
un ideal que se centra en las materias del *trivium,* según están encarnadas en los grandes escritores grecolatinos, y desde ellas
—si quiere— camina hacia otros campos; el ideal de una formación literaria que no se cierra ningún horizonte práctico ni
teórico.

Preguntarnos por la imagen del hombre, en general, o en
concreto de la *dignitas hominis* en la tradición del humanismo
únicamente va más allá de la mera especulación y cobra sentido
histórico si la respuesta se busca en un elemento constitutivo de
ese ideal. Por ende, para alcanzar alguna luz segura sobre la *ve-
xata quaestio* de la noción del hombre propia de los *studia humanitatis,* he fijado la atención en todas las obras pertenecientes al
mismo género de la *Oratio* de Brocar que por cuanto alcanzo
nos ha conservado la España de Carlos V: las *prolusiones* en alabanza de las disciplinas. No cabe ninguna vacilación sobre el
«humanismo» de tales obras, cuyo carácter institucional, por
otra parte, les concede una alta calidad de testimonio. En efecto, en ellas se aprecian limpiamente las exigencias mínimas y
muchas implicaciones máximas de los *studia humanitatis,* situadas
explícitamente en un paradigma del conocimiento y sobre el
fondo de una sociedad con la cual mantienen un diálogo no sin

problemas. Escritas por «humanistas» en la acepción primaria del vocablo (ellos, rehuyendo el término, lo vertían con giros por el estilo de «humaniores litteras publico salario profitentes»), nuestras *prolusiones* señalan, verbigracia, la zona de intersección entre las lucubraciones más resueltamente abstractas y los requerimientos concretos del aparato universitario. Esas *orationes* de los tiempos del Emperador, como «le discussioni sulla 'dignità' delle discipline, legate ai 'paragoni' fra le arti e alle polemiche assai vivaci da parte dei 'moderni' contro gli 'antichi'», tienen una inmensa relevancia (y estoy ateniéndome a un dictamen de Eugenio Garin); porque si en Italia «indicano una crisi nell' ordinamento del sapere, e nei suoi metodi»[10], en Castilla y Aragón son en más de un caso la conciencia ambigua de la necesidad de una crisis.

Pero ahora puedo solo aludir a la riqueza de cuestiones que suscitan nuestros discursos inaugurales, pues mi propósito consiste en contemplarlos exclusivamente desde el mirador de un tema: la dignidad del hombre. En días en que se ha proclamado la «muerte del hombre», se disculpará que me apoye en uno de los lemas de esa tendencia contemporánea y no pretenda definir la *dignitas hominis* en términos de 'naturaleza', sino de 'historia'. Por *dignitas hominis,* pues, no entenderé cualquier concepto genérico susceptible de llevar hoy un rótulo equivalente, sino la exaltación del hombre que se realiza precisamente gracias a un repertorio de *tópoi* normalmente asociados en los siglos xv y xvi, así como gracias a las elaboraciones más originales que en la época se presentan en compañía y en dependencia de tales *tópoi*[11]. Pienso, por ejemplo, en la prolija formulación de Gian-

[10] E. Garin, *L'età nuova*, Nápoles, 1969, pág. 465.

[11] Vid. C. Trinkaus, *«In Our Image and Likeness». Humanity and Divinity in Italian Humanist Thought,* Chicago y Londres, 1970, y *The Scope of Renaissance Humanism,* págs. 343-421; L. Sozzi, «La 'dignitas hominis' dans la littérature française de la Renaissance», *Humanism in France at the End of the Middle Ages and in the Early Renaissance,* ed. A.H.T. Levi, Manchester, 1970, págs. 176-198 (reimpreso ahora con el clásico estudio de E. Garin [cit. abajo, n. 22] en un volumen al cuidado de D. Cecchetti, Turín, 1972), y «La 'dignitas hominis' chez les auteurs lyonnais du XVIᵉ siècle», *L'humanisme lyonnais au XVIᵉ siècle. Actes du colloque, Mai 1972...,* Grenoble, 1974, págs. 295-339; P. O. Kristeller, *Renaissance Concepts of Man,* Nueva York, 1972, págs. 1-21, y *Renaissance Thought and its Sources,* Nueva York, 1979, págs. 169-180; G. Di Napoli, *Studi sul Rinascimento,* Nápoles, 1973, págs. 31-84;

nozzo Manetti, cuyo *De dignitate et excellentia hominis* celebra primero las dotes del cuerpo, ensalza después los privilegios del alma racional, dedica un tercer capítulo a las admirables obras y prerrogativas de alma y cuerpo a la vez, y concluye con una refutación de quienes han tratado «de bono mortis et de miseria humane vite». O pienso en la *Oratio* que la posteridad bautizó *de hominis dignitate,* donde Giovanni Pico della Mirandola, para encontrar nuevas explicaciones de la grandeza del hombre, debe partir de un conjunto de proposiciones convencionales: el hombre es vínculo de cielo y tierra, «cópula» e intérprete del mundo, etc., etc. En Manetti predomina la copia literal de multitud de páginas ajenas[12]; en Pico sobresale el vigor de los desarrollos propios. Mas uno y otro conjugan tradición e innovación; y justamente la suma de ambas fija en el Renacimiento el canon *de dignitate hominis* que ahora nos puede ser útil.

En ese canon de lugares comunes confluyen aportaciones clásicas y bíblicas, herméticas y patrísticas; la vigencia y la capacidad sugestiva del repertorio, por otra parte, no se agota en el Renacimiento, antes se prolonga hasta la Ilustración, hasta el joven Marx. Frente a un panorama tan ancho y complejo, «une fois fixée et demontrée la continuité ininterrompue d'une méditation», se diría conveniente insistir en «l'étude des différences et des nuances»[13]. No nos apresuremos, sin embargo. La historia no está menos hecha de «continuité» que de «différences», y, para España, aún nos falta identificar como tal mucha materia de acarreo. Las «différences» y las «nuances», además, no deben buscarse únicamente entre individuos y obras: también urge determinar qué dominios intelectuales acogen las reflexiones *de dignitate hominis,* qué motivos selecciona o privilegia cada uno, qué fisonomía les da. En la España (y en la Europa) del Emperador, los tópicos del expediente de la *dignitas hominis* aparecen en distintos géneros literarios, en el púlpito, en el dere-

E. Garin, *Rinascite e rivoluzioni. Movimenti culturali del XIV al XVIII secolo,* Bari, 1975, págs. 161-181; A. Klein, *La dignità dell'uomo nel pensiero del Rinascimento,* Turín, 1976 (*dispensa* universitaria); y abajo, n. 14.

[12] La cuidadosa anotación de esos préstamos acrece la utilidad de la edición de E. R. Leonard: Ianotii Manetti *De dignitate et excellentia hominis,* Padua, 1975.

[13] L. Sozzi, «La 'dignitas hominis' dans la littérature française de la Renaissance», pág. 180.

cho de gentes, en los comentarios a Aristóteles, en los debates teológicos... Parece interesante perseguirlos en las *laudes litterarum*, incluso pasando por encima de los rasgos individuales: pues, para una delimitación correcta del «humanismo», más allá de anacronismos y clichés de *Geistesgeschichte* en libro de bolsillo, vale la pena preguntarse por la presencia de la *dignitas hominis* en unos textos en que los humanistas cumplen solemnemente su condición exponiendo en público una imagen del saber construida sobre los *studia humanitatis*[14].

Puesto a reducir a síntesis provisional los principales puntos de coincidencia entre las apologías de la dignidad humana y las apologías de la cultura que se alimenta en las *litterae humaniores*, yo propondría un 'arquetipo' similar al siguiente. *El hombre es superior a los animales por obra de la razón, cuyo instrumento esencial es la palabra. Con la palabra se adquieren las letras y las* bonae artes, *que no constituyen un factor adjetivo, sino la sustancia misma de la* humanitas. *La* humanitas, *por tanto, mejor que cualidad recibida pasivamente, es una* doctrina *que ha de conquistarse. No sólo eso: la auténtica libertad humana se ejerce a través del lenguaje, a través de las disciplinas, ya en la vida civil, ya en la contemplación. Porque con esas herramientas puede el hombre dominar la tierra, edificar la sociedad, obtener todo conocimiento y ser, así, todas las cosas (un microcosmos), realizar verdaderamente las posibilidades divinas que le promete el haber sido creado a semejanza de* Dios[15].

Tal esquema teórico subyace al conjunto de nuestras *prolusiones* y subyace a Manneti o Pico della Mirandola igual que a las más notables versiones españolas de la *dignitas hominis* en la edad

[14] En el presente trabajo, los *tópoi* de la *dignitas hominis* se ilustran tan solo con alguna cita de una obra extremadamente característica de la tradición o con una breve indicación bibliográfica: infinidad de paralelos y referencias se hallará en los estudios mencionados en las notas 11 y 15, así como en F. Rico, *El pequeño mundo del hombre. Varia fortuna de una idea en las letras españolas,* Madrid, 1987[3], págs. 128-151 y *passim,* y en la edición (en colaboración con Victoria Pineda) del *Diálogo* de Fernán Pérez de Oliva actualmente en prensa en «Biblioteca clásica».

[15] Puede ser útil comparar este esquema con los datos comentados, por ejemplo, en G. Paparelli, *Feritas, humanitas, divinitas. Le componenti dell' umanesimo,* Messina-Florencia, 1960, págs. 23-72 (hay otra edición, de 1973, subtitulada *L'essenza umanistica del Rinascimento*), y en S. Dresden, «Erasme et la notion de *humanitas*», *Scrinium Erasmianum,* ed. J. Coppens, Leiden, 1969, II, págs. 527-545.

de Carlos V, de Vives a Fox Morcillo (por mentar sólo dos nombres de extraordinaria magnitud vinculados a cuanto aquí nos concierne). Por supuesto, cada autor elige ciertos aspectos con preferencia a otros y se extiende sobre ellos en diversa medida y profundidad; pero el 'modelo' conceptual en que los inserta se mantiene con ostensible fijeza a lo largo de la serie entera.

Brocar, así, enuncia escuetamente el dato fundamental: el hombre se distancia de las bestias por obra del lenguaje («... sermo, quo a caeteris animantibus separamur», A III vo.); y, a partir de ahí, la *Oratio* se aplica a mostrar técnicamente cómo la «res litteraria» se pone al servicio de las artes «vitae humanae magis accommodatae, ut medicina civilisque scientia et, ex contemplativis, theologia» (A IIII), para cuidar la salud del cuerpo, la sociedad y el alma. Pero de la parquedad del gramático pasemos a la exuberancia del retórico, de Castilla a la Corona de Aragón, y veremos nuevas posibilidades en el despliegue de la premisa. En la universidad de Valencia, el inquieto Francisco Decio inició el curso de 1534 evocando justamente los tópicos más asendereados en las alabanzas de las letras: las letras, sin las cuales la razón está manca, nunca abandonan al hombre, le consiguen cuanto puede aprovecharle, etc., etc. [16] Esos elogios, observa Decio, eran necesarios en otros tiempos, de mayor rudeza, cuando los hombres no habían superado el estadio de las fieras, «dum homines ferarum more montes ac saltus pervagarentur». Hoy, pregunta, ¿a quién se hallará tan tosco «ac potius tam *ab homine alienum*», que no diga y sienta bien de las letras? Sin embargo, si las letras ya no requieren «commendatio», sí piden reivindicación frente a quienes las menosprecian (a VII y vo.). Tal es, entonces, el discurso que Decio destina muy espe-

---

[16] *Francisci Decii Valentini de re literaria asserenda Oratio ad Patres Iuratos Senatumque literarium Lucalibus ipsis publice habita Valentię Anno MDXXXIIII*, Valencia, Juan Navarro, 1535, fol. a VII: «Nam quotus iam quisque in futilem illam verborum inculcationem non stomachatur? Pernecessarias homini literas esse, demptam hominibus sine literis rationem; esse deinde literas rerum omnium multo pulcherrimas, uptote immortales et quae dominum haud quaqua destituant; tum ornamenta varia literis comparari, denique nil esse quod in hoc genere acceptum ferri literis non possit, nil quod non literarum beneficio ac vel ipsam animae vere felicitatem consequamur?»

cialmente a los *Jurats* de Valencia: un manifiesto *de re literaria asserenda,* una afirmación de las cualidades de la cultura basada en las letras y de las exigencias que ella impone a profesores, autoridades y alumnos; manifiesto y afirmación que buscan elevar a España a la altura de otros países y se moldean frente a la indiferencia de un ambiente poco receptivo.

A decir verdad, una *adsertio* no bastaba, y un par de años después Decio tuvo que expresarse con más energía y menos miramientos en otra pieza inaugural, ahora en forma de diálogo, bajo el título duro y crudo de *Paedapechthia*[17] (donde conviene entender 'el odio a la *paideía*', a la 'eruditio institutioque in bonas artis')[18]. Ahí, por encima de la evasiva de 1534, los enemigos de las letras cobran voz y nítida presencia: son quienes ostentan el poder en Valencia, «qui in senatu et comitiis praecipuas sedes occupant», y no quieren que los jóvenes patricios se instruyan «bonis literis» (AIII); son los *cavallers,* que al «gymnasium literarium» prefieren la escuela del torneo e incluso del burdel (a VII)[19]. Y Decio refuta a esos detractores esgrimiendo precisamente los argumentos que en la *prolusio* anterior tachaba de superfluos... A menudo se trata de los argumentos del viejo arsenal *de dignitate hominis,* y no parece inútil identificarlos en una nueva sede, proyectados en el entorno ciudadano posterior a la represión de las Germanías.

De hecho, en el coloquio se aduce una supuesta «equestris dignitas», según la cual los estudios no convienen al noble, a quien incluso importan más los blasones que la virtud («non hominum sed brutorum iudicium!»); y tal actitud se impugna

[17] *Francisci Decii Colloquium cui titulus Paedapechthia. Anno MDXXXVI,* sin lugar ni impresor. Al debate entre el caballero Geraldus y el docto Antonio siguen dos *declamationes:* «Pro equite contra literas», «Pro literis contra equitem» (fols. b IIII-b VIII vo.).

[18] Para explicar *paideía* de acuerdo con Gelio, *Noctes Atticae,* XIII, XVII, 1, según era habitual.

[19] Por no volver genéricamente sobre la disputa cuatrocentista de las armas y las letras (pero vid. arriba, pág. 82, n. 76), recuérdese sólo que el caballero valenciano (y gran escritor, paradójicamente) Joanot Martorell aseguraba en una carta de desafío que «la rectòrica més se pertany a notaris que a cavallers, e per tal no em cur jo de rectoricar mes lletres» (*apud* M. de Riquer, *Història de la literatura catalana,* II [Barcelona, 1964], pág. 635); desplantes como ése (y aun con la alusión al notario) se rechazan más de una vez en los escritos de Decio.

en nombre de la «hominis natura», a cuya esencia corresponde perseguir el perfeccionamiento que las letras procuran[20]. Si el caballero alardea de poseer cuanto desea, Decio proclama que nada se tiene cuando no se tienen las letras, mientras con ellas se tiene todo: porque «la auténtica posesión procede del recto imperio del ánimo» y sólo la «doctrina» permite lograrlo. ¿Dicen que la asidua lectura curva el cuerpo? Quizá, pero desde luego endereza el alma. ¿Daña la vista? En cualquier caso, le da una agudeza con la que puede cruzar la barrera de los siglos, penetrar los lugares secretos, recorrer todas las cosas con la inteligencia (a VII vo.-a VIII).

Pues bien, el planteo de Decio responde aquí a diversos estímulos intelectuales (verbigracia, el «solus sapiens dives» estoico), pero es palmario que repite fielmente uno de los motivos más notables de la *dignitas hominis*[21]: la ubicuidad y la omnipotencia del entendimiento. Se celebraron éstas «continuamente nella letteratura del Quattrocento e del Cinquecento»[22], en una versión *standard* acuñada por Cicerón y el *Asclepius,* por Lactancio, Nemesio de Emesa y otros Padres[23], y Decio se ciñe rigurosamente a tal formulación estereotipada, en el concepto, en la estructura sintáctica, en el léxico: «[lectio] insertat... eadem [oculorum acie] prudentiae perspicilla, quibus possis quod inte-

[20] Cf. en especial fols. a III, b II vo.-b III, b VIII sigs.

[21] Otros son evocados *ex contrario;* así la objeción del caballero, «non vides hominem assidua lectione incurvari, quem tamen Deus rectum fecerat ad sui imaginem?» (a VII vo.), se apoya no sólo en el Génesis, I, 26, sino en la también difundidísima explicación de por qué el hombre anda erguido (cf. sólo A. S. Pease, ed. Cicerón, *De natura deorum,* Cambridge, Mass., 1955, págs. 914-915; C. A. Patrides, «Renaissance Ideas on Man's Upright Form», *Journal of the History of Ideas,* XIX [1958], págs. 256-258; C. Trinkaus, *«In Our Image and Likeness»...,* pág. 965 *a;* L. Sozzi, «La 'dignitas hominis' chez les auteurs lyonnais du XVIe siècle», pág. 325, nota 11). A la vez, el conjunto del pasaje que destaco («Primum, ut a corporis incommodis incipiam», etc.) tiene presentes los seculares reproches a los letrados en los *de contemptu mundi* y los discute desde tres posiciones similares a las de León Battista Alberti, *De commodis litterarum atque incommodis,* y de tantas piezas afines (vid. solo E. Garin, *La disputa delle arti nel Quattrocento,* Florencia, 1947).

[22] E. Garin, «La *dignitas hominis* e la letteratura patristica», *Rinascita,* I (1938), pág. 112.

[23] Cf. sobre todo A. J. Festugière, *La révelation d'Hermès Trismégiste,* II (París, 1949), págs. X, 19, 87-88, 461, 610.

gro seculo distat pervidere, adyta penetrare, secretiora rimari, in summa omnia mente percurrere» (a VIII).

No nos la habemos con meros préstamos ocasionales, antes bien el panegírico de las letras culmina y queda demostrado en la *Paedapechthia* con un *locus classicus* en la exaltación del hombre. Decio es tajante: él no aconseja al caballero cualquier especie de letras, sino las que enseñan apaciblemente «et humaniores appellantur»[24]; pues ellas, con la razón y las leyes, son fundamento de la república[25]. No otra línea de pensamiento había trazado un libro primordial para la *dignitas hominis,* el ciceroniano *De natura deorum,* con el canto a las glorias del espíritu y la palabra como creadores de la sociedad y como esencia de la distinción entre hombre y fiera: «haec [eloquendi vis] nos iuris, legum, urbium societate devinxit, haec a vita inmani et fera segregavit» (II, LIX, 148). Decio aclara que las «literae humaniores» ganarán al caballero la prudencia y la elegancia en el decir, prendas en que el noble ha de aventajarse a los demás, «quibus in rebus exercere se patricius prae ceteris debet» (b II vo.); y al punto reconocemos que la observación no hace sino aplicar el caso polémico de la *Paedapechthia* la idea de Cicerón que remata el sistema cimentado en el *De natura deorum:* es grande excelencia sobresalir en las artes del discurso, en el mismo dominio en que el hombre supera radicalmente a la fiera. «Quare praeclarum mihi quiddam videtur adeptus is qui, qua re homines bestiis praestent, ea in re hominibus ipsis antecellat»[26].

Eso encontrábamos insinuado en Brocar, eso veremos todavía mejor perfilado en Decio y eso vuelve continuamente en nuestras *prolusiones.* Juan Pérez *(Petreius),* valioso prosista y espléndido poeta, leyó una en Alcalá, en 1537, que entra en materia con una exaltación del hombre como criatura excepcional, «tantum hoc tamque admirabile animal»[27]. El acento de la frase

---

[24] Las letras «humaniores» se oponen explícitamente a las «rixosae quaedam quae in scholis ad gutur usque raucum agitantur» (fol. b II vo.).

[25] «Primum res publica mundana legibus constat... Leges vero ratione... Ratio literis... Literae ergo necessariae...» (fol. b III).

[26] *De inventione,* I, 5. Vid., v. gr., G. Paparelli, *Feritas, humanitas, divinitas,* págs. 39-42.

[27] Uso el ms. e-II-15 de la Real Biblioteca del Escorial: a los fols. 74-83,

resulta inconfundible, pleno de los mismos ecos que suenan al comienzo de la *Oratio* de Pico della Mirandola sobre el «magnum... miraculum» humano: «nihil... homine admirabilius», «dignum omni admiratione animal», «admirandum profeto animal...»[28] El discurso de Juan Pérez expone el ideal de una ciudad del estudio, una «literaria civitas» organizada a imagen y semejanza de una república bien constituida; y la base de tal meditación bifronte la proporciona la peculiar condición del hombre. «En primer lugar, aquellos antiguos y supremos admiradores de la naturaleza y contempladores de sus obras, viendo a un animal tamaño y tan admirable, que superaba a los restantes seres vivos por el conocimiento de las cosas y por la actividad del espíritu, que se sentía arrastrado por el amor del sumo bien y que de por sí se inclinaba a la amistad mutua y a una vida sujeta a regla; [aquellos *prisci philosophi*, pues,] se esforzaron unánimemente por averiguar el género de vida más adecuado a la comunidad y al trato entre los hombres; y puesto que la vida humana descansa en la ayuda de unos a otros y por sí sola, sin la asistencia ajena, es débil y frágil, [se esforzaron por averiguar] cómo esa sociedad (aparte las molestias individuales) podía ser duradera, segura, grata»[29]. En efecto, ¿cómo descubrirlo? Sin duda descubriendo en qué consiste la felicidad. Pero la felicidad del hombre está precisamente en cumplir los dictados de su naturaleza singular: es decir, ejercitar y perfeccionar la razón, que lo sitúa por encima de las demás criaturas, para entregarse, así, a la práctica de la virtud y a la contemplación de las realidades

---

Ioannis Pettreii Toletani Rhetoris Complutensis oratio Compluti in studiorum initio habita. Anno MDXXXVII.

[28] G. Pico della Mirandola, *De hominis dignitate, Heptaplus...*, ed. E. Garin, Florencia, 1942, págs. 102-104.

[29] «Ac primum quidem veteres illi summi viri naturae admiratores eiusdemque contemplatores operum, cum tantum hoc tamque admirabile animal intuerentur, quod et rerum cognitione mentisque agitatione caeteris praestaret animantibus quodque summi boni traheretur amore et per se ad mutuam amicitiam consuetudinemque vitae esset propensum, in hoc toti elaborarunt, ut id vitae genus repperirent quo hominum communioni vitaeque commerciis maxime esset consentaneum, et quoniam mutuis humana vita consistit auxiliis imbecillaque per se est et infirma citra opem aliorum, qua ratione haec societas, citra privatas offensiones, et diuturna et tuta et iocunda esse posset» (fols. 75 y vo.).

más sublimes. «Ut ratione et intelligentia qua viget atque excellit optime utatur, qua cum et ad agendum et contemplandum libere ac suaviter fungitur eius est perfecta et consummata natura» (76). Si antes oíamos a Pico, ahora oímos a Giannozzo Manetti: «ad agendum et contemplandum». Porque también Manetti destaca la «dignitas et excellentia hominis» resumiéndola en un doble impulso «ad agendum et ad intelligendum»[30].

Gracias a ese impulso, por supuesto, nacen las disciplinas. Pérez recoge el hilo de la definición inicial del hombre como «admirable animal» avocado al «summum bonum» y añade que nada hay en él más admirable y más divino que la combinación de «sapientia y «eloquentia»: «quod si fit, tunc demum illud summum et consummatissimum existit, quo neque quicquam in homine est aut admirabilius aut divinius» (80 vo.). Pues, marchando por tal camino, del trivio al cuadrivio y a la filosofía moral, el alma se alza «ad ea quae non videntur» y llega hasta Dios, «mundi artifex et parens» (82 y vo.). El énfasis en la dimensión teológica de la cultura se entiende bien en la Alcalá de 1537. No en vano Pérez se confiesa obligado a ser menos panegirista que defensor de los «literarum studia» (74). No en vano recuerda (mirando a la concordia, pero sin fáciles transigencias) los debates que agitan a la universidad: los ataques contra los humanistas, sospechosos de heterodoxia, y, en contrapartida, las invectivas contra los teólogos *moderni* hechas en nombre de la dialéctica clásica, «simplex illa et antiqua disserendi ratio» (74 vo.)[31]. Pero no atribuyamos a meras causas circunstanciales

[30] Manetti, *De dignitate et excellentia hominis,* III, 46-48, págs. 92-93, con citas de Cicerón, *De finibus,* II, xiii, 40, y Aristóteles, *Ética a Nicómaco,* I, 6 = 109 *b.* No se olvide que «nacque questo libro da una domanda che gli fece un dì il re Alfonso. Doppo più disputationi che avevano avute della dignità dell' uomo, domandollo quale fusse il suo proprio uficio dell' uomo, rispose: *Agere et intelligere»* (Vespasiano da Bisticci, *Le Vite,* ed. A. Greco, II, Florencia, 1976, pág. 586).

[31] Pérez no menciona explícitamente a los *moderni* (si bien habla de los «eorum inventa», cf. nota 55); pero no cabe duda sobre los rivales en quienes piensa: no sólo por cuanto sabemos sobre la especulación en Alcalá por aquellas fechas, sino por el sabor inconfundible de la alternativa que sugiere, con un giro consagrado por lo menos entre Leonardo Bruni («ab illa vetere et vera disputandi via», *Ad Petrum Paulum Histrum dialogus,* ed. E. Garin, *Prosatori latini del Quattro-*

el subrayar la trascendencia ética y religiosa de los saberes. Esa actitud tradicional predomina, con mucho, en las teorías renacentistas al propósito; y, por cuanto ahora nos interesa, pertenece al canon más estricto de la *dignitas hominis:* desde Cicerón, cuando indica de qué forma la razón penetra el cielo y «accedit ad cognitionem deorum», hasta Pico della Mirandola, cuya *Oratio,* tras declarar al hombre «admirandum», le fija como meta la «contemplatio» de la divinidad[32]. Juan Pérez no se aparta un ápice de tan ilustre senda.

También el insigne Juan Maldonado, en la apertura del curso de 1545, en Burgos, deploraba sentirse forzado a amparar a las letras de ataques, mejor que a loarlas directamente[33]. La *Oratiuncula* de Maldonado, para ello, se centra en dos puntos: la ceguera de la humanidad «ante literas et ingenuas artes inventas», antes de la invención de las letras y las artes liberales, y, en cambio, la luz que después brilló en el mundo, «ex artium et literarum cognitione» (59 vo). En la primera edad —refiere—, los hombres vivían como fieras, sin «religionis... ratio», sin derecho, sin saber siquiera quién era hijo de quién[34]. Sin embargo, algunos mitifican aquellos tiempos bestiales y afirman que «los mortales nunca han errado menos que antes de la proclamación de las leyes y el hallazgo de las disciplinas» (60 y vo.). Contra esos optimistas ilusos, Maldonado alega una prueba tomada de la historia contemporánea (junto a otras espigadas en la Antigüedad). Al llegar a las islas y al continente americano, los españoles encontraron pueblos bárbaros, «ferino ritu nudi, sine lege», caníbales que sacrificaban a los demonios... Como casti-

---

cento, Milán-Nápoles, 1952, pág. 60) y el catalán Rafael Mambla (*De dialectica sive rationali philosophia libri quinque,* ¿Barcelona?, sin año, fol. AII vo., etc.). .

[32] *De natura deorum,* II, LXI, 153; *Oratio,* pág. 108 sigs.

[33] *Oratiuncula per adolescentulum habita Lucanalibus. Anno 1545,* en *Ioannis Maldonati Opuscula quaedam docta simul et elegantia,* Burgos, Juan de Junta, 1549, fol. 59 vo.

[34] Esos celebérrimos motivos se desarrollan con singular finura en una obra que quizá fue compuesta como *praelectio:* la *De origine et laudibus Poeseos sylva,* ¿Valencia?, 1525[2], de Juan Angel González (vid. la excelente edición de J. F. Alcina, Universidad Autónoma de Bellaterra, Barcelona, 1978); y, por supuesto, aparecen en el modelo de González, la *Nutricia* de Poliziano, y en buen número de discursos inaugurales (cf., así, C. Trinkaus, «A Humanist's Image of Humanism», pág. 95, etc.).

go, la naturaleza les había privado de animales de carga y de labranza, manteniéndolos expuestos a los dientes de las terribles alimañas que allí habitan. Desde luego, carecían de «artes et bonae disciplinae». Porque es hecho constante y universal: donde han faltado las leyes y las letras, los hombres han sido salvajes y totalmente desprovistos de la verdadera condición humana, «humanitatem penitus exuerant». Mas, para apreciar cuánto valen las letras y las disciplinas anejas «ad deponendam feritatem», basta advertir que en las Indias recién descubiertas casi hay ya más cristianos que en Europa[35] e incluso algunos, «posita feritate», se han consagrado a las doctrinas y a las artes[36]. Optima comprobación —opina Maldonado— de que los aborígenes «no carecían de ingenio, sino de cultura, no de voluntad de aprender y ánimo pronto, sino de preceptores y maestros» (63).

Lewis Hanke ha escrito excelentes páginas sobre *Aristotle and the American Indians,* en torno a las controversias hispánicas respecto a la desigualdad de las gentes y la esclavitud inherente a ciertas razas. El asunto, desde luego, se relaciona ampliamente con la *dignitas hominis*[37]. Con todo, ateniéndome a un aspecto

[35] Como señala don Eugenio Asensio, la observación «inauguraba o poco menos la leyenda de las conversiones casi instantáneas y las transformaciones operadas en el alma de los bautizados por misioneros de manos incansables», especie que no aparece regularmente por escrito «hasta bastante después» (E. Asensio y J. F. Alcina, *«Paraenesis ad litteras». Juan Maldonado y el humanismo español en tiempos de Carlos V,* Madrid, 1980, págs. 59 y 89). No me sorprendería que Maldonado la lanzara como respuesta tácita a Erasmo, quien, sorprendentemente, aseguraba en 1526 no tener noticia de que se hubiera hecho intento alguno de introducir el cristianismo en el Nuevo Mundo (*Ichtofagia,* en *Colloquia,* ed. L.-E. Halkin *et. al., Opera omnia,* I:III (Amsterdam, 1972), págs. 504-505.

[36] La contraposición que place a Maldonado («humanitatem penitus exuerant. Sed... ad deponendam feritatem et bonos mores imbuendos...», fol. 61 vo.; «induerint bonos mores et posita feritate...», fol. 63) parece haber sido difundida por Petrarca («... ferox et cruentum animal est homo, nisi... *humanitatem induere feritatemque deponere,* denique nisi de homine vir esse didicerit»; *De vita solitaria,* ed. G. Martellotti, en *Prose,* Milán-Nápoles, 1955, pág. 294). Cf. F. Rico, en *Studi Petrarcheschi,* n.s., I (1984), pág. 63.

[37] Vid. sólo las noticias bibliográficas de A. Carreño, «Una guerra *sine dolo et fraude.* El P. Las Casas y la lucha por la dignidad del indio en el siglo XVI», *Cuadernos Americanos,* marzo-abril, 1974, págs. 119-139, y E. Garin, *Rinascite e rivoluzioni,* pág. 334 y sigs.

de ese tema y a la *Oratiuncula* de Maldonado[38], yo quisiera hacer únicamente una contribución a un capítulo (aún poco adelantado) sobre 'Cicerón y los indios de América'. En el pasaje que acabo de resumir, se advierte que la naturaleza había sancionado la impiedad de los americanos dejándolos sin acémilas ni bestias de labor: «privaverat natura... equis, mulis, asinis, bobus ad portanda onera et colendos agros...» (61). Es comprensible que nos sintamos inclinados a leer el texto a la luz de las anécdotas sobre el estupor que causó la llegada a las Indias de los primeros caballos o pensando en el papel que los animales de carga y labranza desempeñaron en la configuración de las colonias. No diré que esa perspectiva haya de descartarse enteramente. Pero sí creo que el párrafo está tan en deuda con las lecturas como con la realidad y que recoge uno de los tópicos de la *dignitas hominis*. Cierto, en el *De natura deorum,* raíz robustísima de nuestra tradición, al exponer los privilegios humanos, Cicerón señala que la naturaleza creó los animales para el servicio de los hombres, y se demora en ponderar la importancia de bueyes, mulos, asnos... «Ut ipsas bestias hominum gratia generatas esse videamus... Quid de bubus loquar? quorum ipsa terga declarant non esse se ad onus accipiendum figurata, cervices autem natae ad iugum, tum vires umerorum et latitudines ad aratra extraenda... Longum est mulorum persequi utilitates et asinorum...» Manetti no descuidó amplificar el concepto («Nostri equi, nostri muli, nostri asini, nostri boves...»), ni tampoco, a la manera de un *hexaemeron,* casarlo con los Salmos («Omnia subiecisti sub pedibus eius: oves et boves universas...»)[39]. Pues ni Cicerón, ni Manetti, ni tantos más vacilaron en alinear entre las glorias humanas igual los bueyes y los mulos que el descubrimiento de las disciplinas merced al entendimiento y a la palabra.

---

[38] La obrita, al par que otros trabajos del autor, proporciona materiales nada despreciables para conocer el clima que llevó al debate de Valladolid en 1550: repárese, v. gr., en cómo Maldonado está de hecho respondiendo a la doble cuestión de la receptividad de los indios a la fe y a la razón, baste remitir al libro de L. Hanke *All Mankind is One: A Study of the Disputation between B. de Las Casas and J. G. de Sepúlveda in 1550 on the Intellectual and Religious Capacity of the American Indians,* De Kalb, Illinois, 1974.

[39] *De natura deorum,* II, LXIII-LXIV, 158-160; *De dignitate et excellentia hominis,* III, 26, 37, págs. 81-87 (con cita de Salmos, VIII, 5-9).

En esa dirección, claro está, avanza Maldonado al proclamar: «Duobus solummodo rebus bestiis praestamus mortales, ratione atque sermone»; por ende, vivir sin disciplinas equivale a no ser ya hombre, «humanitatem... renunciare» (63 vo.). ¿Quiénes sino los sabios han frustrado el intento de Lutero de dividir a la sociedad cristiana? ¿Qué sino la barbarie y la escasa erudición, mezclando sagrado y profano, ha sido la causa de todas las herejías? (62 vo.) Combatir las letras por culpa de los errores de unos pocos letrados es tan estúpido como atacar la teología por culpa de unos cuantos teólogos viciosos: el mal se halla en las flaquezas del estudioso, no en la materia de estudio (65 y vo.)[40]. De hecho, darse a las letras supone seguir la mejor parte de la propia naturaleza... Porque las letras no simplemente ornan, pulen y dan lustre, no simplemente separan de las fieras, antes bien constituyen la verdadera piedra de toque del ser hombres: «Rogo vos atque obsecro, iuvenes eruditi ac eruditendi, ut hanc opinionem et veram sententiam nemo vobis eradicet, *literas esse solas... quae homines esse vere convincant*» (66). La afirmación sintetiza la principal zona de coincidencia de la *dignitas hominis* y los *studia humanitatis,* de un viejo ideal del hombre y la revolución pedagógica que propuso y a veces logró el humanismo.

Quizá la más diáfana exposición de pareja coincidencia, la mejor ilustración del arquetipo común a ambos dominios, sea, por un sintomático azar, el último en fecha de los discursos inaugurales que he podido rescatar de la España de Carlos V: la *oratio* de Francisco Decio *De scientiarum et academiae Valentinae laudibus,* pronunciada en 1547[41]. Limitémonos a un par de aspec-

---

[40] Tal secuencia de ideas (con varios paralelos en nuestras *laudes litterarum*) es también cara a Erasmo: «Ista non studiorum est culpa, sed hominum; sed longe plus ['más que Melanchthon y otros doctos'] favent Luthero qui neque graece sciunt neque latine. Multo plures his literis instructi pugnant cum Luthero» (ed. P. S. y H. M. Allen, *Opus epistolarum D. Erasmi...,* Oxford, 1906-1958, VII, pág. 24, entre muchos lugares). Vid. por otro lado, E. Asensio, en *«Paraenesis ad litteras»,* pág. 51.

[41] *Francisci Decii Valentini de scientiarum et academiae Valentinae laudibus ad Patres Iuratos Senatumque Literarium Oratio, per Onofrium Clementem discipulum non poenitendum publice habita. Anno 1547,* Valencia, «per Ioannem Mey Flandrum». El volumen (aparte una epístola «amico cuidam turpissime se matrimonio immiscenti», págs. 54-56) se completa con cuatro *declamationes,* compuestas por alumnos

tos salientes. «Primum omnium» —escribe Decio—, el hombre es el único entre los seres vivos formado a imagen de Dios, para entender, desear, discernir, prever, razonar. Los demás animales están perpetuamente sujetos al imperio de una determinada naturaleza. En cambio, el hombre, con el juicio y la razón, puede escoger su camino, abandonarlo por otro, retroceder: puede variar, en suma[42]. Imaginémoslo desnudo de la razón: no hay nada más débil, «imbecillius»; contemplémoslo armado de ella: nada hay más fuerte. La providencia dio garras y vigor al león, larga vida al ciervo, mirada penetrante al lince, *et cetera*: ¡hasta los gusanillos nos superan![43] Pero al hombre, tan frágil, «tam vitreo», le concedió la razón y la palabra: *y en ellas* recibió a la vez todas las dotes de los otros animales, «quibus sane duobus ornamentis omnium animalium dotes simul accepit». Es justo, entonces, considerarlo un mundo en pequeño, «quidam parvus mundus» (7-8).

Un pensamiento no dispar, con exquisita encarnación literaria, inspira la *Fabula de homine* de Luis Vives[44], a quien Decio singulariza ahí como suprema honra de Valencia («viventem perpetuo Vivem appello», 17): la preeminencia le viene al hombre de la mutabilidad, de no poseer una naturaleza fijada de una vez, sino ser libre de elegir cualquier género de vida, por re-

---

de Decio y retocadas por él: «Pro tabellione», «Pro medico», «Pro iurisperito», «Pro theologo», págs. 34-53; las *declamationes* se ponen en boca de cuatro hermanos que compiten por la herencia paterna, reservada a «qui artem omnium reipublicae utilissimam exerceret», pág. 35: puedo añadir que salió triunfador el teólogo (representado por Juan Martín Cordero) y la *actio,* concurridísima, se hizo famosa.

[42] «Reliqua vero animalia, carni ac sensui obnoxia, perpetuo naturae suae imperio servire coguntur. Solum hominem voluntas movet, cognitio ducit, iudicium dirigit, ratio cohibet, prudentia servat, virtutes aliae comitantur. Et quemadmodum navis sine temone huc et illuc fluctibus agitata eo tandem convolvitur quo eam ventorum vis impellit, contra clavo munita naucleri ductum sequitur, ita bruta omnia vaga scilicet ac effrena incertis impulsibus quo primum natura instigat commoventur. Homo vero iudicii ac rationis freno nunc viam tenere novit, nunc pro temporis ac rei exigentia declinare, saepe etiam, cum opus est, retrocedere» (págs. 7-8).

[43] Para ese conocido cotejo de los animales y el hombre, cf. referencias en F. Rico, *Vida u obra de Petrarca,* I: *Lectura del «Secretum»,* Padua y Chapel Hill, 1974, pág. 133 y nota 39.

[44] Vid. *El pequeño mundo del hombre,* págs. 121-127.

capitular a todas las criaturas. Ahora bien, Decio y Vives comparten con la *Oratio* de Pico la insistencia «on man's universal nature and on his share in the gifts of all other beings»[45] en tanto los tres reflejan una antiquísima noción que el Renacimiento acogió con entusiasmo en las apologías *de dignitate hominis*: la noción del hombre-microcosmos e imagen de Dios.

Cierto, continúa Decio, el hombre no tiene la fuerza del buey ni la rapidez del caballo, mas el buey y el caballo trabajan para él, lo mismo que los restantes brutos (el motivo no nos coge ya de nuevas). Así, con la razón virtuosamente ejercida, domina la tierra; y, puesto que la mente es «effigies» de Dios, también con la mente se aproxima al Hacedor. Cuanta más luz aporte al intelecto gracias a las letras y al conocimiento, tanto más se asemejará al Señor; cuanto más embellezca el lenguaje, tanto más se apartará de las fieras. De tal modo se hará efectivamente más hombre, «ut verius [est] homo qui bene loquit et intelligit» (9). Con una particularidad capital: si cultivamos el ánimo con las disciplinas, no sólo el mundo será nuestro, sino que incluso nos convertiremos en una especie de dioses: "[disciplinae] viventes nos ac mortuos *deos quosdam* efficiunt» (10). Es el «quidam mortalis deus» ciceroniano glosado por Manetti, el «dii estis» bíblico comentado por Pico[46]: es, en breve, el lema máximo de la *dignitas hominis,* aplicado a loar la grandeza de los *studia humanitatis,* la «scientiarum dignitas»[47]. Pero notemos bien el rasgo decisivo: la idea de la *humanitas* como tensión —alejarse de la *feritas,* acercarse a la *divinitas*—, como inmenso repertorio de posibilidades cuya realización más excelsa se obtiene gracias a las disciplinas. O, descendiendo de las alturas al plano de la

[45] P. O. Kristeller, *Renaissance Concepts of Man,* pág. 13 (con aplicación muy equilibrada).

[46] Entre otros lugares, vid. *De dignitate et excellentia hominis,* III, 47, págs. 92-93 (con cita de Cicerón, *De finibus,* II, XIII, 40); *Oratio,* pág. 110 (con cita de Salmos, LXXXI, 6 = Juan, X, 34).

[47] «Quid igitur est quod scientiarum valorem superet? quid quod aequet dignitatem? quid quod merita assequatur?» (pág. 14). En la declamación «Pro theologo» (cf. nota 42), desde luego, se destaca ese planteamiento («Quid utilius ea [*sc.* 'la teología'], per quam homunculi terrei, vitrei, vermium esca, immortalitatem induimus et diis quidem, si non pares, certe proximi efficimur?», pág. 47), en términos entonces muy familiares (vid., así, G. Paparelli, *op. cit.,* pág. 72).

vida civil concreta, que Decio nunca olvida, reparemos en que
esa idea cristaliza en una visión de la universidad como casa
donde se compra el ser hombre («pecudes pene nascimur, hic
autem comparamus per quod homines simus»), donde se adquieren los blasones de la auténtica humanidad, «humanitatis
decora» (24).

No cabe extenderse más: la riqueza del tema, en efecto, se
agotaría sólo con una larga serie de monografías sobre el Renacimiento español. Sin embargo, no debo terminar (por ahora)
sin hacer mención de un discurso inaugural que he silenciado
hasta aquí: la *Oratio* que Lope Alonso de Herrera declamó en
Alcalá, el día de San Lucas de 1530[48]. Confesaré que no me
siento culpable de haberla preterido, ni creo ilícito haber roto
el orden cronológico reservándola para el final; pues la pieza, a
flor de piel, no es una alabanza, sino una diatriba de las letras
humanas, en favor de las letras divinas[49]. Un par o tres de calas
nos indicarán por qué acaba Herrera exhortando: «Sint nobis
posthac, caeteris vix in ullam pectoris receptis partem, sacra
theologiae Christianae studia vere sacra...» (KIII).

Hemos comprobado, así, que la *humanitas* propia de las disciplinas se concibe regularmente (y sin discriminación, aunque
no sin grados) como una manera de apartarse de la *feritas,* dominar la tierra, aproximarse a las *divinitas,* devenir «quidam deus».
Herrera no duda en dar la vuelta a la explicación. El caso de
Adán es el más característico. Al invitar a nuestros primeros
padres a comer del árbol de la ciencia, la promesa del diablo fue
precisamente «Eritis sicut dii»» (Génesis, III, 5). Adán y Eva siguieron el malvado consejo; y el hombre, desde el lugar de ho-

[48] *Lupi Alfonsi a Herrera Hispalensis Oratio habita in Academia Complutensi die Sancti Lucae ab humanitate Verbi MDXXX,* Alcalá de Henares, Miguel de Eguía, 1531.
[49] «Accipe igitur declamatiunculam nostram, in qua sapientiae humanae de
industria convitium fecimus in gratiam divinarum literarum, quibus nonnulli
parum pie repudium mittunt, quo haec humana sectentur obnixius» (A vi). En
el *Ensayo,* de Gallardo, III, col. 198-199 (al parecer, fuente única de quienes han
aludido a la *Oratio*), el párrafo se cita con un grave error («...obnoxius»); se comprende que Menéndez Pelayo, *Bibliografía hispano-latina clásica,* III (Madrid, 1950),
págs. 267-268, lo adujera prescindiendo de las dos últimas frases («quibus...»),
tan interesantes. Anoto esa minucia en tanto síntoma de la escasa confianza que
debe prestarse a los intentos de interpretación de la obra basados en los rápidos
extractos de Gallardo.

nor entre las criaturas, pasó entonces a verse «comparado a los
necios jumentos y vuelto semejante a ellos» (Salmos, XLVIII,
13), perdió la legítima «divinitas» de la inmortalidad: «Si attige-
ritis arbusculam, morte moriemini», había conminado el Señor
(cf. Génesis, II, 17). De tal forma, cuando Adán, insensatamen-
te, quiso explorar nuevos caminos del saber, «cum novos sciendi calles impudenter investigaret», dejó escapar incluso cuanto
sabía, «hoc ipsum quod sciebat amisit»: despreciando la «sapientia» con la cual había puesto nombre a las cosas (la gramática, claro está), desdeñando la poesía divinísima que dedicó a
Eva (Génesis, II, 23), pretendió lo que no podía saber, a costa
de ignorar lo que sabía, «hoc voluit scire quod scire non pote-
rat, nisi hoc non sciret quod rite sciebat». No sólo no se hizo
Dios, sino que se encontró reducido a la condición de las acémilas que habrían de servirle, reducido a fiera: «'Comparatus'
igitur 'est' non ut ipse prae se tulerat deo, sed 'iumentis insi-
pientibus'; id est, ab honore ablegatus est ad onera, in servitium
ab imperio deiectus, ut qui cupiditate sciendi reliquerat hominem, ut deus esset, stulticia quae videtur scientiae adversa, ne
homo quidem maneret, sed bellua magis» (B VII-CII vo.).

Evidentemente, Herrera se deleita en denunciar las *feritas* a
que las ciencias conducen. Hemos tropezado con la concepción
de que las letras afianzan la sociedad y, por ende, satisfacen los
imperativos de la esencia misma del hombre. Para nuestro orador, en cambio, las atroces disputas entre gramáticos, retores,
dialécticos o filósofos demuestran que los doctos están por debajo de las bestias: «Mitiores quippe facilioresque multo sunt
belluae...» (D IV vo.). ¿Filósofos he dicho? Lope Alonso, cuyo
padre ganó la fama con «ocho levadas contra Aristótil», increpa
a Platón con un verbo y un mordiente sin desperdicio. Platón
se recluyó en la Academia (y, por otro lado, como era inútil en
cualquier república, tuvo que inventarse una...), Aristóteles
huyó al Liceo, los poetas evitan la compañía y buscan la sole-
dad de los bosques... Pues bien, eso es la sabiduría: con veleida-
des de divina y, en realidad, vacía de contenido humano y alle-
gada a las fieras. «O sapientiam eo tantum nomine divinam,
quae nihil habet humani, sed ferarum commercia sola et habi-
tatas cautes histricibus!» ¡Valientes 'sabios', que, «exuta humanitate», vagan por montes, selvas y despoblados! «Tanti vero

debuit esse sapere, ut esse te hominem nescias?» Y, de hecho,
¿qué sabe quien no sabe para los suyos ni para sí? En la *Oratio* de
Pico, Dios se dirigía al hombre para brindarle una opción gra-
vísima: «O Adam... tu... poteris in inferiora quae sunt bruta degenerare, poteris in superiora quae sunt divina ex tui animi sententia regenerari»[50]. En la *Oratio* de Herrera, la naturaleza acusa
de embrutecerse a todo hombre de letras: «Heus! tu, bone! Hominem te volui esse, tu te reddis feram; rationis feci participem,
tu eos qui ratione censentur fugis; imperium in belluas dedi, tu
eas vocas in foedera...» (H11 y vo.). Uno diría que Lope de
Alonso asume el planteamiento de Pico... y falla que filósofos y
poetas han preferido «in inferiora... degenerare».

De tal modo, cuando Herrera vuelve del revés las *laudes litterarum,* trastorna a la vez los tópicos de la *dignitas hominis.* Com-
probarlo constata igualmente el parentesco y el ligamen de ambos. Podría ser un final adecuado para nuestro recorrido: tan
sustanciales contactos se dan entre los elogios de las letras y los
elogios del hombre, que invertir los unos obliga a modificar los
otros. Pero resultaría una conclusión insuficiente, incluso para
un panorama tan rápido como el nuestro. Ni basta decir que las
invectivas de Herrera son ininteligibles sin referencia a los en-
comios usuales y, por ende, contribuyen a configurarlos. Con
vistas a ir acotando el terreno del humanismo español, conviene enfocar la *Oratio* desde otro ángulo (aunque la imposibilidad
de despachar en unas líneas una pieza tan copiosa en implicaciones me constriñe a recoger únicamente algún indicio).

Sin ir más lejos, la epístola introductoria dibuja un horizonte sobre el cual la *Oratio* se identifica en seguida, no sencillamente como una paradoja, sino, mejor, como un ejercicio de
controversia. Por ejemplo, el cuerpo del discurso hace a la *humanitas* incompatible con la *paideía;* el prefacio, en cambio, se
inicia designando «mitiores humanitatis fruges» a los exponen-
tes más característicos de la «eruditio institutioque in bonas artis» (cf. n. 18): los diálogos, las «orationes», los poemas, las «lu-
cubrationes», los comentarios filológicos... Herrera no sólo

---

[50] *Oratio*, pág. 106. No es baladí (pero tampoco imprescindible ahora) la
cuestión de si Dios habla a Adán antes o después de la caída; la opinión de Herrera ya la hemos visto.

acepta así el alcance convencional del sintagma *studia humanitatis*. De hecho, ahí mismo queda claro que la *prolusio* contigua nace precisamente de una frustración, de la dolorida conciencia de que las consignas y las prácticas humanísticas llegan de fuera y no arraigan cabalmente en España (Aıı y vo.). Pero la obra nace también con una esperanza: si no faltan los apoyos, a la decadencia seguirá un dichoso renacimiento literario, «ut ab occasu nostro renascantur foelicius literae» (Aıııı vo.). Y la estimación favorable de las letras se explaya simétricamente en el epigrama que cierra el libro:

> In Musas potuit qui talia dicere, lector,
> Dicere pro Musis quid potuisse putas?[51]

El contexto, entonces, crea un marco en contradicción con el texto. Ahora bien, en la cultura y singularmente en la escuela de los humanistas fueron comunes las discusiones 'dobles', *pro et contra:* pro y contra César en Salutati, pro y contra la retórica en el ambiente de Salutati, pro y contra los antiguos en Leonardo Bruni, *et sic de ceteris,* disertaciones «persuasive valide sul terreno 'morale', di fronte alle tecniche logiche della dimostrazione e confutazione condotte sul terreno rigorosamente 'formale'»[52]. En esa línea se inserta Herrera, sensible a la pertinencia de considerar las letras «in utramque partem». Pues, amén de contemplarlas positivamente en el preámbulo y en la coda, en la propia *Oratio* da por bueno loarlas: la cuestión esencial —pondera— es conservar la libertad crítica, «carpere aut commendare literas ut tulisset animus», «sentire libere» (B vı)[53]. Así

---

[51] El poemita, al fol. K ıv vo., se presenta escrito por Benito Jiménez de Cisneros, destinatario de la carta prologal; pero el estilo y el lugar que ocupa (tras las erratas, para llenar un blanco del último folio, y no en cabeza, en sitio de honor) aseguran que se debe a Herrera.

[52] E. Garin, «La cultura fiorentina nella seconda metà del 300 e i 'barbari britanni'», *Rassegna della letteratura italiana,* LXIV (1960), pág. 192, y en *L'età nuova,* pág. 160. A Juan Luis Vives, con todo, las argumentaciones *in utramque partem* le parecían propias de la sofistería escolástica (últimamente, cf. R. Waswo, *Language and Meaning in the Renaissance,* Princeton, 1987, pág. 119; y compárese *Nebrija frente a los bárbaros,* pág. 123, n. 57).

[53] «Noli me vi obtrudere in id quod libenter et volens fecero, permitte mihi

las cosas, fiel a las maneras humanísticas de raciocinio «che si muovono sul piano della 'possibilità' e della 'probabilità' ed hanno una funzione piuttosto argomentativa che dimostrativa»[54], Herrera, en el grueso de la *Oratio,* desarrolla la arremetida contra las letras en tanto enfoque negativo 'posible' de la materia. No obstante, la visión negativa contiene y supone la visión positiva.

En verdad, pésimamente habría que conocer la época para no advertir que los ataques unívocos a las letras ni se hacían ni podían hacerse con el latín pulquérrimo y florido, con el estupendo primor artístico de Herrera; o que la dialéctica de Lope Alonso pertenece al linaje retórico, *eloquens,* destinado a conmover *(animos impellere):* dialéctica 'moral' y no 'formal', ceñida a la «antigua disserendi ratio» y opuesta al seco silogizar que entonces gastaban en Alcalá los auténticos enemigos de los *studia humanitatis*[55]. Cuando con estilo humanístico, en lengua y pensamiento, Herrera hostiga las letras (y la filosofía), está en realidad cultivándolas (y ejerciendo un revolucionario método filosófico), mostrando que *desde las letras* cabe progresar hacia la más alta especie de sabiduría escriturística, teológica y vital.

En esa perspectiva, la *Oratio* de Herrera tiene un sentido bien acorde con el esquema de Nebrija y Brocar que nos servía de arranque y con las *laudes litterarum* que después hemos ido hojeando: las letras son la puerta indispensable a todo conocimiento valioso, son las herramientas para construir una cultura

sentire libere, ut quod sensero nulla necessitate coactum sit gratiosius...» Todo el pasaje merecería ser transcrito.

[54] C. Vasoli, *La dialettica e la retorica dell' Umanesimo. «Invenzione» e «metodo» nella cultura del XV e XVI secolo,* Milán, 1968, pág. 32.

[55] Vale la pena copiar aquí el pasaje de Juan Pérez aludido antes *(ad notam* 31):* «Hinc dialecticus rhetoricum incessit, dum illius cultum et apparatum veritatis putat esse tegumentum, simplicium imposturam, mendacii et fraudis artificium. Retorquetur mox in eumdem crimen, pariaque de se audit dialecticus, atque his etiam accerbiora. Incusatur ab utroque philosophus tanquam incredulus et suarum tenax opinionum, plurimum rationibus tribuens, credulitati minimum. Nec theologo quidem parcitur non solum ab alienis et exteris, sed neque a familiaribus quidem et domesticis, dum illi horum inventa fastidiunt et solam simplicem illam et antiquam disserendi rationem probant, hi contra velut crassam et obtusam aspernantur institutionem illorum» (ms. citado, fols. 74 y vo.).

plena, que no puede obtenerse con otros utensilios. Nebrija y Brocar parten de la gramática para alzarse hasta una comprensión cabal de la Biblia; Juan Pérez se eleva de la «eloquentia» al «summum bonum»; Decio, a través de las disciplinas del lenguaje, nos conduce a la divinidad... Herrera juega a la *variatio* de la tradición: rebaja el inicio, para abultar la meta (y, en el proceso, debe reajustar las razones de la *dignitas hominis*). Pero innumerables factores del texto y del contexto nos certifican que también él está convencido de que el camino a los «studia pietatis»[56] pasa por las «humanitatis fruges»: «fruges» cual la mismísima *Oratio* de 1530, «humanitas» que es a un tiempo *paideía* y título de dignidad entre las criaturas.

Por el momento, no queramos ir más allá. Contentémonos con la imagen que concilia las *laudes* al uso y las peculiares invectivas de Herrera: un humanismo definido por un núcleo con entidad propia (el *trivium* y los *auctores,* digamos), pero presto a crecer e invadir cualquier dominio, a brindarse como método de acceso a cualquier saber[57]. Seamos conscientes de que se trata de un panorama complejo, con abundantes matices de *pro*

---

[56] «Utemur igitur his ['caeterae liberales artes'] ut internuntiis tantum, quae nobis reginam ['theologia'] concilient, non ut amiculis quarum amplexibus impediti regias nuptias amittamus. Quanquam autem scio nondum ad politiorum Mussarum delitias satis nostros destertuisse, non potui tamen non eos admonere, totumque sub eorum praetextu Christianum nomen quam late patet, ut his studiis, quae apud alios florent, apud nostros iam incipiunt pullulare, addant et studia quoque pietatis prioremque curam Christi gerant, ne id sit verum quod et vulgus sentit et in aliis gentibus videtur passim, ut habeatur pro argumento pectoris parum Christiani per omnium doctrinarum dispendia morosa lectione diversari. Quod ut non est undique verum, ita nostra tempestate, propter tot haereses nescio an ea causa promulgatas, suspectum non e nihilo est» (A vi y vo.) El párrafo es también importante para insertar la *Oratio* de Herrera en una precisa coyuntura (y no ya sólo para asignarle un significado muy a grandes rasgos); mas, a tal fin, habría que leerlo asimismo a la luz de nuestras restantes *laudes,* siempre atentas a pronunciarse sobre la opinión vulgar en cuanto a las relaciones de letras y herejías (con testimonio no por parcial desdeñable para el estudio de tan debatida cuestión: esa *quaestio:* vid. sólo la excelente noticia del Padre R. García-Villoslada, *Raíces históricas del luteranismo,* Madrid, 1969, págs. 242-273, y algunos ensayos de Delio Cantimori reunidos en *Umanesimo e religione nel Rinascimento,* Turín, 1975).

[57] Varias notables precisiones al propósito, en E. Garin, *L'età nuova,* págs. 463-464.

et contra, y en gran medida sin explorar. Cuando progrese la investigación, habrá que diseñar un paradigma del humanismo español harto más amplio (y problemático): creo, sin embargo, que en ese paradigma de mayor alcance persistirán como elemento apreciable los puntos de contacto entre las *laudes litterarum* y los lemas de la *dignitas hominis*[58].

[58] Varios asuntos rozados aquí y buen número de aspectos conexos espero analizarlos con más sosiego o mayor perspectiva en un próximo libro sobre *La invención del Renacimiento en España.*

ÍNDICE ALFABÉTICO

Al cuidado de Victoria Pineda

193

De sui ipsius et multorum ignorantia,
139-141
De viris illustribus, 30, 59, 60
De vita solitaria, 149, 179
Petrarca (Ser Petracco), padre, 34
Petreius, ver 'Pérez, J.'
Piccolomini, Eneas Silvio,
 Chrysis, 72
 Euralio y Lucrecia, 72
Pico della Mirandola, Giovanni, 95,
 170-171, 176-178, 183, 186
 Oratio de hominis dignitate, 170, 176,
 178, 180, 183, 186
Pineda, V., 171
pintura (ver también 'artes plásticas'),
 63
Pío II, ver 'Piccolomini, E. S.'
Pio, Giovanni Battista, 97
Pisano, Nicola, 62
Platina, ver 'Sacchi, B. de'
Platón, 53, 95, 134, 136-141, 143,
 185
 Fedón, 136-137, 130-140
 Leyes, 53
 Política, 53-54
 República, 53
Plinio, 66, 86, 91, 96, 154-155
 Naturalis historia, 86, 96, 154-155
Plutarco, 136
poesía, 32-34, 90-91, 138
Poggio Bracciolini, G. F., 39-41, 48-
 49, 153
política (ver también 'vida pública'),
 23, 26-27, 30, 38, 50, 52-58, 60, 75,
 82-83, 105-106, 156, 175-176
Poliziano, Angelo, 15, 42, 77, 86-94,
 97, 101, 128, 157, 167-168, 178
 Lamia, 77, 167
 Miscellanea, 87-93, 96
 Nutricia, 178
 *Oratio super Fabio Quintiliano et Statii
 Sylvis,* 88
 Praelectio de dialectica, 95
 Rime, 90
Pompinio Leto
 De honesta voluptate, 47
Pontano, Giovanni, 97

Pozzi, G., 96, 97, 98
praelectio, 164-165, 167
predicadores, 113, 118, 122, 125
prolusio, 164-165, 167-169, 171-173,
 175, 187
Ptolomeo, 18, 69-71
 Geografía, 69, 71
Publicio, Giacomo, 84

Quilis, A., 11
Quintiliano, 36-37, 40, 46, 62, 122,
 168
 Institutio oratoria, 37, 40, 85, 88

Rábade, S., 158
Rawski, C. H., 148
Redondo, A., 12
Reeds, K. M., 95
Regoliosi, M., 15, 38, 39, 76
retórica (ver también *'aptum', 'eloquen-
 tia', 'imitatio'* y 'virtudes oratorias'),
 14, 62-64, 74, 109, 119-121, 123,
 125, 158-159, 165, 173, 188-189
Reuchlin, Johann, 167
Reyes Católicos, 70
Rhetorica ad Herennium, 36, 85
Ricci, P. G., 140
Rienzo, Cola di., 25-28, 34
Riquer, M. de, 173
Rizzo, S., 15, 28, 39
Roma renovata, 19-28, 30, 34-35, 38-
 40, 50-51, 69
Rossetti, D., 23, 33
Rossi, V., 42, 121
Rubinstein, N., 54
Rubió i Balaguer, J., 55
Ruel, Jean, 99-100
 De natura stirpium, 99
Ruiz, Francisco, 163
Ruiz Calonja, J., 72
Ruiz de Virués, Alonso, 136

Sabbadini, R., 14, 36, 163
Sabellico, Marcantonio, 87
Sacchi, Bartolomeo dei (Platina)
 Historia de vitis pontificum, 47
Sáinz Rodríguez, P., 167

Alianza Universidad

Volúmenes publicados